生き生き働く、活き活き生きる ８つのステップ

──ウェルビーイング手法のワーク＆トレーニング──

著

須賀英道

齊藤朋恵

星和書店

挿画：齊藤朋恵

はじめに

　2019年度から働き方改革法案が施行され、就労環境や働き方への関心が高まり、一般の方をターゲットにしたストレスコーピングや気分・モチベーション向上を求めた簡易実践書（トレーニングブック）が求められるようになりました。就労者や企業経営者の双方に日常生活の中でいつでも使えるトレーニング手法が必要とされているのです。ウェルビーイング手法はそこで求められる最適な手法といえます。ウェルビーイング手法は第3世代の認知行動療法のひとつであり、気軽に取り組むことができ、その効果も早期から体験できるものです。最近の就労現場はストレス環境が多く、今後もますますその傾向は強まるでしょう。こうした環境においてこそ、ウェルビーイング手法の習得が求められる時代に入ったといえるでしょう。

　これまでの認知行動療法についてのトレーニングブックでは、専門用語が多く、ワーク部分よりも解説文の比率が多いことがよくありました。そのため、短時間でトレーニング内容の把握ができないことやトレーニングを最後まで遂行できないこともありました。このトレーニングブックでは、イラストによる図解を中心とし、多くの人に即戦力として役立つものとしました。そのため、個人のセルフケアや自己啓発の目的に限らず、社内外での研修や各種セミナーでのテキストブックにも適しているでしょう。

　さあ、今から始めましょう。

本書の活用法

　このトレーニングブックの目的は、情報を提供することではありません。トレーニングブックの実践にチャレンジした方が、元気に楽しく日常生活を送っていけるようになることです。トレーニングブックのステップ8までを何度も繰り返して、実践してみましょう。何か自分にピンとこないステップがあれば、まずは飛ばして進みましょう。最初から何度も繰り返すうちに、徐々に自分の日常生活の中で「そうか、このことだったのか」と、気づけるようになります。

　そして、ある朝起きると、ふと自分の考え方が以前と変わってきたことに気づくでしょう。身の回りに起きるさまざまなことに対して、ポジティブな見方ができるようになっているからです。そこに自分の成長があります。生きることへの楽しみが湧き出てくるのです。

　このトレーニングブックは情報を提供するためのものではなく実践書であると言いましたが、裏を返すと、職場や保健・教育分野など、実際の現場で就労者や学生などの健康指導にあたっている人にとっては、最適な指導教材でもあります。このトレーニングブックで紹介されているさまざまな手法を、セミナーやワークショップなどでの指導教材として用いてみましょう。

　コーディネーター編では、企業内で行われる研修セミナーを開催する場合に役に立つ具体的手法について解説しました。是非、ご活用ください。

　やり終えた後にはきっと笑顔に溢れ、今後の可能性が開けてくる自分の姿に気づけるでしょう。

8つのステップ

ウェルビーイング視点とは？
たったこれだけに気づくと仕事が楽になる!?

ステップ 1

ワクワク会話を身につけよう
社内の人間関係はこれできっとうまくいく！

ステップ 2

自分の強みに気づいて伸ばす
誰でも強みを持っている。これに気づくと仕事がどんどん進む！

ステップ 3

一所懸命になる
達成感を感じると仕事にやりがいが生まれる

ステップ 4

感謝と親切
感謝、親切をするとじわじわ気分が上がる

ステップ 5

目標と価値観を明確にする
目標を立てて自己評価をすると仕事が楽しくなる！

ステップ 6

自己評価をして、自分を好きになる
現在の自分を肯定評価し、将来も伸びる自分の成長に気づこう

ステップ 7

人との絆からコミュニケーションを拡大
コミュニケーションを広げるとこれからの人生がきっと楽しくなる！

ステップ 8

目　次

実践編

今からトレーニングを始めよう

ウェルビーイング視点とは？

たったこれだけに気づくと仕事が楽になる!?

目標１．自分の普段の物事の捉え方について知る
目標２．ウェルビーイング視点に気づく──可能性の発見

チャレンジ
〈手法１〉壁に突き当たったとき、あなたはどうする？
〈手法２〉「病気になった人」をあなたはどう捉える？
〈手法３〉禁煙するにはどんな手法がうまくいく？

●ちょっとひととき豆知識
・禁煙すると、味蕾の回復によって美味しさが再びわかる
・ウェルビーイング思考には比率があるの？
・人は、なぜ問題にばかり意識がいくの？

自分の普段の物事の捉え方について知る

　はじめに、自分の普段の物事の捉え方のパターンに気づくことから始めましょう。下の枠内に記入することで、自分の思考パターンに気づきます。

この一週間に、自分にどんなことがあったか書き出してみましょう。

例：近所のカフェでおいしいケーキを発見した／仕事が大変で疲れた一週間だった etc.

　今書かれた内容について振り返ってみます。

　自分で書かれた内容は、

① この一週間で困ったことや、今抱える問題点、つらかったこと、あるいは自分の悪い点（欠点）などのネガティブな内容だったでしょうか？

② この一週間で嬉しかったことや、楽しかったこと、うまくいったこと、あるいは自分のいい点（強み）などのポジティブな内容だったでしょうか？

　一週間の自分の状況を振り返るとき、自分の中で最も印象的だったこと、気になっていることが想起されます。ここには、「**自分の体験を、普段、自分がどのように捉えているか**」が顕著に表れています。

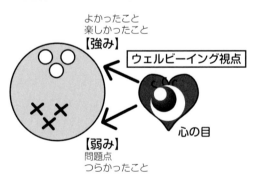

よかったこと
楽しかったこと
【強み】

ウェルビーイング視点

心の目

【弱み】
問題点
つらかったこと

　物事はいい面もあれば、悪い面もあります。一週間の振り返りで自分の体験の悪い面ばかりが想起される方は、いい面を見ることができなくなり、悪い面しか見えなくなる振り返りになっているのです。

　もう一度、今度は一週間の中でいい面にフォーカスを当てて振り返ってみましょう。自分の体験の中のどんないい面に気づかれるでしょうか。

この一週間に、自分にどんなよかったこと（ポジティブ）、嬉しかったことがあったか書き出してみましょう。

```



























```

　そうなのです。これが**ウェルビーイング視点**なのです。まだ見つからないと思われた方も心配いりません。このワークブックの実践を進めるうちに必ず見えるようになってきます。それがこのワークブックの力です。是非、実践しましょう。

目標2 ウェルビーイング視点に気づく──可能性の発見

いい面にフォーカスを当てて振り返ってみて、いかがだったでしょうか。

人は知らず知らずのうちに考え方の癖を持つようになります。友人、職場での会話の中に「**あなたの考え方やその癖**」が出ているのです。

私たちは、幼少期から「生じた問題は自ら考えることによって解決しなければならない」という考え方を教育されてきました。何が問題だったのか考え、その問題を解決することに必死に頭を悩ますことが状況打開の糸口になるとされ、問題に真面目に向き合っていることがいいことだと学んできました。

逆に、問題をひとまず置いて、ポジティブな方向を考えて行動することは、逃げているようで後ろめたく感じてしまうかもしれません。もちろん、生物本能に基づいて考えるなら、自然界では瞬時に危険に反応しなくては生き残れませんので、問題解決に突き進むのは非常に優れた能力です。しかし、その場合、右の図のようなサイクルに乗ることになりがちです。

仕事で行き詰まったとします。何が悪いのか考え続け、問題を探求し、解決策を見つけようとしますが、考え方や視野がますます狭くなっていき、周りが見えなくなっていきます。本来持っている視野の広さなら見つけられたはずの解決のヒントや資源さえ目に入らなくなり（下の図）、気分も落ち込み、やる気をなくしてしまいます。やがて行動もうまくできず、結果も出ないという**負のサイクル**に陥ってしまうのです。

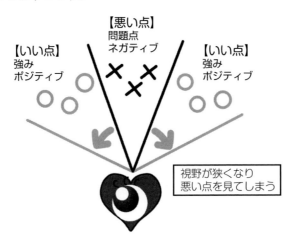

手法1 👉 壁に突き当たったとき、あなたはどうする？

　では、ここで、この負のサイクルを転換するヒントになる手法をご紹介します。

下のイラストの人が壁の反対側に前進するために、壁を壊す以外にどのような対処が思いつきますか。多ければ多いほどいいです。思いつくままに書き込んでみてください。

あなたは、どんな方法が思いつきますか？

　問題状況に対処する方法として、「突き進むために壁を壊す（問題解決）」以外にも、多くの対処策があることに気づかれたのではないでしょうか。例えば、「遠回りをしてみる」「穴を掘って進む」「梯子を使って越える」などたくさんあります。さらに自分だけで取り組むのではなく、「何人かを呼んで一緒に対処する」こともありうるのです。さらに高度なアイデアとしては、すでに壁を越えたことのある向こうの人に声をかけ、協力してもらうということもあるのです。

　ここで感じていただきたいことは、問題に直面したとき、少し**客観的に距離を置いて**その問題を眺めると、多くの対処法に気づきやすくなるということです。つまりウェルビーイングに目を向けることは、**問題解決から目を背けているわけではない**のです。

手法2 ☞ 「病気になった人」をあなたはどう捉える？

あなたは「病気になった人」、例えば、うつ病になった人をどう捉えますか。次の表現の違いを考えてみましょう。

1）私はうつ病患者である。（I am a depressive patient.）
2）私はうつ病を持っている。（I have a depression.）

1）私はうつ病患者である。（I am a depressive patient.）

この表現は図1の右側の視点です。ここでは、自分の評価を「病気」といった指標によるフィルターにかけ、その視点から見えた状況から全体的に「〜である（I am 〜）」という自己評価を行っています。すなわち、問題性の有無からの全体評価によって「問題者である」という判断をしているのです。

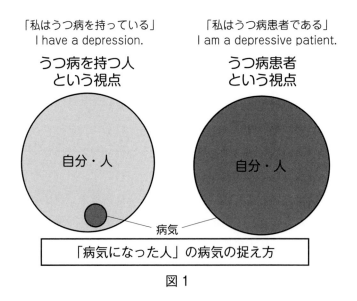

図1

2）私はうつ病を持っている。（I have a depression.）

　この表現は図1の左側の視点です。ここでは、うつ病は自分の一部であり、他にも自分は「多くの要素を持っている（I have ～）」ことを示しています。それでは、多くの要素とは具体的に何があるのでしょうか。

　例えば、高血圧や喫煙といったネガティブな医療視点以外にも、仕事や家族、趣味、好きな食べ物、才能、強みなど限りなくあります。ここで重要なことは、図2に示すように、右側の視点で見ていると、問題性のベールで全体を覆い隠され、自分の持っている強みや才能、楽しい面などのウェルビーイングな要素に気づかなくなっていることです。特に、常にこうした視点で自己評価をしていると、問題点や欠点の追及に終始し、自責的となり、「自分はだめな人間だ」といった自己否定に至るのです。左側の視点に気づくことで、自分の持つ強みや才能を伸ばすことが重視され、成長していくことにも気づきます。こうしたウェルビーイング思考の過程の中で、自分の持つ他のウェルビーイングな要素にも徐々に目が向けられ、自分の人生にとって元来抱えていた問題点や欠点に対するネガティブな捉え方も相対的に小さくなっていくのです。

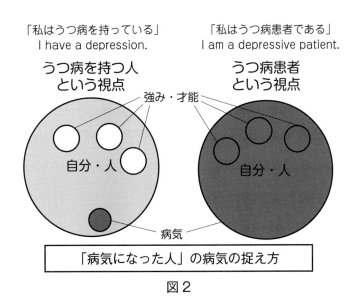

図2

手法3 👉 禁煙するにはどんな方法がうまくいく？

次に、負のサイクルを転換する具体的な例を示して手法をご紹介します。

例えば、従来の禁煙外来では、「禁煙しないと大変なことになりますよ」というネガティブ情報の提供による説得がされてきました。肺がんや心筋梗塞になるなどです。しかし、こうした大変なことを聞かされても「では、タバコを今からやめよう」と決断できるわけではありません。

そこで発想を変えてみましょう。禁煙ができたらどんないいことがあるのかという視点です。

もし禁煙できたらどんないいことがあるでしょうか？ 下に書き込んでみましょう。

いいことの例は、禁煙すると「ごはんがおいしい」と感じ、気分が上がることです。これによって、もう少しタバコをやめておこうというモチベーションにつながるのです。

ごはんがおいしくて気分がよくなると、家族にごはんを作ってもらったことに「ありがとう」という気持ちが生まれます。このことが家族も自分も禁煙を続けたいというモチベーションを高めます。それは継続する行動につながり、いい結果になり達成感になります。気分がよくなるので、このまま禁煙を続けて家族と旅行に行っておいしいものを食べたいという未来の目標にもなります。

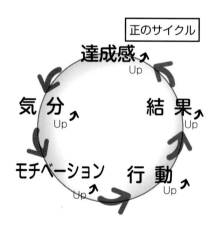

　禁煙はひとつの例です。ウェルビーイング視点からさまざまな物事を捉え直してみると、多くの可能性と発見があるといえるでしょう。ぜひ発展ワークにチャレンジしてみてください。

 禁煙以外で、あなたの日常生活の中でウェルビーイング視点により、正のサイクルに乗せられる事例を挙げてください。

例：掃除をしてすっきりした／犬の散歩で近所の人と挨拶できた／お菓子を作ってプレゼントした／手づくりマスクを作ってプレゼントした

ちょっと ひととき 豆知識

●禁煙すると、味蕾の回復によって美味しさが再びわかる

　味覚は舌に多く存在する味蕾という感覚器官によって感知されます。味蕾の数が多いほど、旨さや風味など味の奥深さまで感じられるのです。喫煙していると、タバコのニコチン、タールによる死滅作用によって味蕾の数は激減し、味覚が鈍麻（鈍く）になっていきます。ところが、人の細胞の再生力は素晴らしく、ニコチン、タールによる死滅作用がなくなると味蕾の数は徐々に元の数に戻っていきます。これによって、味覚が回復するのです。

●ウェルビーイング思考には比率があるの？

　ポジティブ心理学の実験による実証結果において、状況の打開策として示されている最善の比率があります。**ポジティブ視点：ネガティブ視点＝３：１**という比率です。このポイントはポジティブ視点のほうがネガティブ視点より大きいことです。そして、重要なことはネガティブ視点が０でないことであり、問題はしっかりと捉えて、見過ごさないことです。問題が生じても無視していては、状況は打開しません。問題点を意識しつつ、ウェルビーイングの視点による手法によって状況打開に推し進めることです。ウェルビーイング視点と問題解決視点、すなわち、ポジティブ視点とネガティブ視点を、日常生活の中でバランスよく活用していくことなのです。

●人は、なぜ問題にばかり意識がいくの？

　人は元来、危険回避の手法として直面した危険や問題をすばやく捉え、自分の身を守るという習性を持っています。これは生物本能の基本であり、環境適応し、生存を継続するために重要な対処法です。そのため状況対処の第一選択肢が、自分の身に危険はないか、問題があれば解決するといったネガティブ指向性となるのも妥当といえます。その場合、図のように過度の情報をカットし、ネガティブ指向に的確な情報に絞られていくことは避けられません。そのカットされる情報の代表がウェルビーイング内容の情報なのです。

なにが問題か…
問題解決が最優先！

視野が狭くなると
問題点ばかりで
ヒントを見落とす

ワクワク会話を身につけよう

社内の人間関係はこれできっとうまくいく！

目標１．ワクワク会話を身につける
目標２．ワクワク会話から自分のいい点に気づく

これで自然にワクワク会話となる
　　１．会話はキャッチボール
　　２．共通点から共感する
　　３．まず、肯定する
　　４．ポジティブな言葉を使う
　　５．将来の可能性を話題にする
　　６．自然に笑顔になる
　　７．いい点に気づき褒める

チャレンジ
〈手法１〉　「But No, Yes and」ゲームをする
〈手法２〉　お互いに褒め合う

●ちょっとひととき豆知識
　・笑顔で健康になる
　・ポジティブな言葉を使うと寿命が延びる

あなたが話しているうちにワクワク楽しくなることは、それほど難しくありません。以下の7つの「ワクワク会話のパターン」を試してみましょう。きっと、ワクワクしてきます。話し上手である必要はなく、単純な方法を繰り返すことでかまわないのです。

ワクワク会話　7つの実践方法	
1. 会話はキャッチボール	話す主役を相互に交代しよう
2. 共通点から共感する	相互の共通点への興味・関心から共感が生まれる
3. まず、肯定する	「But No, Yes and」ゲームをしよう
4. ポジティブな言葉を使う	ポジティブな言葉リストの作成
5. 将来の可能性を話題にする	将来の可能性の話題からワクワクしてくる
6. 自然に笑顔になる	上の5つ（1から5）を実践すると、必ず笑顔が出る
7. 相手のいい点に気づき褒める	相手のいいところを褒めると、自分のいいところを褒められるようになる

◆ ワクワク会話1．会話はキャッチボール

　ワクワクする円滑な会話とは、話し手と聞き手がバランスよく交代できている会話です。例えば、飲み会の場でいつも一方的に話してきて、こちらの話を全く聞く気のない人がいると、次回の飲み会では、その人の隣は避けて座りたくなるでしょう。主役の交代をする会話のイメージは、キャッチボールしている姿と似ています。ボールの代わりに言葉を相互に投げかけているからです。

　誰しも、話したい内容をすべて聞いてほしいと思うものです。でも、それをちょっと堪えて、ボールを投げる番を相手に譲ってみてください。これを繰り返しているうちにお互いに気分が上がり、ワクワクしてくることを実感できるのです。

◆ ワクワク会話2. 共通点から共感する

　キャッチボールでは、投げる際に相手のグローブを目指して投げます。では、会話では、相手のグローブとは何にあたるでしょうか。

　それは、相互の**興味・関心**です。例えば、キャッチボールで相手に構わず投げたいようにボールを右や左に投げてしまうと、相手はうまくキャッチできません。最初のうちは、なんとかボールをキャッチしようとしてくれますが、次第に疲れてやめてしまい、ボールを見送るだけになってしまうでしょう。相手のグローブでキャッチしやすいボール、つまり興味・関心のある話題を優しく投げることが非常に大切です。そうすれば、相手はもっと話したいという気分になってきます。大切なのは、相手がどんなことに興味・関心を持っているのか、さらにその話題に自分も興味・関心があるという共通点を見つけることです。

　では、会話において、相手との**共通点**を見つけやすい話題にはどんなものがあるでしょう。

> 会話において、相手との共通点を見つけやすい話題で思いつくものをできるだけ書き出してみましょう。些細な共通点を探すのがポイントです。

```
例：天気・気候の話題
_____
_____
_____
_____
_____
_____
```

　ポイントは、大げさな話題でなくていいということです。天気や、趣味、互いに好きなスポーツの試合のことでもいいのです。自分と相手に共通点があることで、**親近感**や**仲間意識**を持つことになります。例えば、長い会議後にやっと休憩になったとして、「お腹すいたね」「そうだね、なんだか美味しいものが食べたいよ、一緒にどう？」と、共通点に共感したことから新たな行動につながっていくことがあります。

　なんでもない些細な日常生活の中に、こうした**共感**から**モチベーション**が高まり、**行動化**につながる会話は溢れています。

◆ ワクワク会話 3. まず、肯定する

　会話での**肯定**はどんな効果があるでしょうか。相手の言葉にまず「いや～」と否定から入るのと、「それはいいね」と肯定から入るのでは、その後の会話の展開が尻つぼみになるか膨らむか大きく異なります。そこで、どんな場合もまず「それはいいね」と肯定から入ることが大切です。必ず、会話がワクワクしてきます。

But No

いや、でも……

Yes, and

それはいいね

ワクワク

手法1 ☞ 「But No，Yes and」ゲームをする

> **● 「But No，Yes and」ゲーム●**
>
> 2人1組で行います（Aさん役とBさん役）。最初の話し手がAさんで、聞き手がBさんです。
>
> ①「But No」ゲーム：聞き手は、話し手の言葉すべてに「いや、でも」「それは違います」といった否定の姿勢で答えます。そして、話し手をキャッチボールのように交代しながら会話を進めてみましょう。
>
> ②「Yes and」ゲーム：先ほどと同じく、聞き手は、話し手のすべての言葉に、どんなことでも「それはいいですね」「そのとおりですね」といった肯定の姿勢で答えます。そして、話し手をキャッチボールのように交代しながら会話を進めてみましょう。
>
> ③次に、Aさん役とBさん役を相手と交代して①と②を行い、最後にこのゲームから何を感じたか話してみましょう。

　肯定されると気分が良く、ワクワクした会話ができたのではないでしょうか。自然と笑顔が溢れてきます。しかし、何を言われても肯定するのはおかしいですよね。断りたいときや意見を言いたいときもあるかもしれません。では、そんなとき、最初に肯定してから断る方法について考えてみましょう。

　例えば、「この会議の後に一杯いかがですか」と誘われたとします。最初に肯定し、その後も否定的な姿勢を出さない答え方の例を見てみましょう。

　「あ、いいですね。誘っていただきありがとうございます！ でも、今日はちょっと自宅に用事があって都合がつかないんです。すみません。また是非今度誘ってくださると嬉しいです」

　ここには**肯定し、感謝を示し、断りを明示して、お詫びと別提案が短い会話の中にしっかりと入っています。ポイントは感謝を伝え、次回の期待につなげる**ことです。断った当人も、明るい雰囲気のまま断り、別れることができます。ポイントは、相手から誘いや問いがあった際には**まずは肯定する**ことです。そして感謝の言葉のクッションを入れて、しっかりと断りや否定の自分の意思を上手に伝えることです。最終的に相手は断られたとしても、まずは肯定されたことで気分は落ち込まないものです。

　この「But No，Yes and」ゲームはとても簡単に実行できます。会社の朝礼の時などに実行してみてください。否定と肯定の会話パターンを意図的に実行すると、みなさんが必ず笑顔になれます。

◆ ワクワク会話 4．ポジティブな言葉を使う

　会話の中で、ポジティブな言葉を意識して使っていると、不思議なことを体験することができます。それは、相手も同じように、ポジティブな言葉を返してくれるようになるということです。相互にポジティブな言葉を出しているうちに気分が上がっていくのが実感できます。

　ポジティブな言葉とネガティブな言葉を書き出してみると、表のようになります。

ネガティブな言葉	ポジティブな言葉
難しいな	なんとかなりそう
大変だ	面白そう
疲れた	楽しいな
忙しい	充実しているな
めんどくさい	頑張ってみよう
嫌だな	チャレンジ
困った	いける気がする
どうしよう	チャンスかも

　ポジティブな言葉をあまり思いつかない人もいるのではないでしょうか。それは日常生活の中であまり使わないからです。知っていても積極的に使わないと、ちょっとした会話の際には思いつくことができません。習慣化し、普段からポジティブな言葉をどんどん使っていくことで、咄嗟にどんな状況でもポジティブな言葉で表現することができるようになります。

> ポジティブな言葉を意識して、あなたが普段使っているネガティブな言葉があればポジティブな言葉に言い換えてみましょう。するとどうなるか書き出してみましょう。

▷ 普段よく使う言葉 ◁	▷ 言い換え言葉 ◁
例：もうだめです／うまくいかないなあ	例：次に生かしましょう！／今度はなんとかなるさ！

　ネガティブな言葉をあえてポジティブな言葉に言い換えていると、物事の捉え方が変わってきます。「今の時点でうまくいかなくても、次にはなんとかなるさ」といったように自然と考えられ、落ち込みも少なく、将来の可能性すら見えてくるのです。

ここで、「あなたのポジティブな言葉」のストックを増やすワークにチャレンジしてみましょう。落ち込んだときやうまくいかないとき、このリストを見返すことで、ウェルビーイング視点に切り替えるスイッチになることと思います。

ステップ
2

ワクワク会話を身につけよう

ポジティブな言葉リストをできるだけ書き出しましょう。

```
◇━━━━━━━ あなたのポジティブな言葉リスト ━━━━━━━◇

.............................................................................

.............................................................................

.............................................................................

.............................................................................

.............................................................................
```

◆ ワクワク会話５. 将来の可能性を話題にする

　普段の会話では、どのようなテーマをよく使って話しているでしょうか。職場の同僚との会話では「仕事はどこまで進んだか」「まだ終わらない」といった現在・過去の不可能や問題が話題になりやすいでしょう。親子や夫婦間では「こんなことでは成績が伸びないよ」「まだやってくれていないの」といった現在や将来の不可能、欠点が多いかもしれません。一方、恋人や友人との会話では、「今度どこに行こうか」「いつ集まろうか」など、**将来の可能性**について話題に出ることが多いかもしれません。

　やはり、今後成功することや、よくなること、伸びていくことなど、将来の可能性の話は挑戦してみようといったモチベーションの向上や自信へとつながるものです。日常会話でもこうした会話のパターンを意識して話すことで互いに気分が上がりワクワクした会話になります。

◆ ワクワク会話６. 自然に笑顔になる

　無理に笑顔を作りながら会話をしようとしても、なかなかうまくいかないものです。そこで、今まで取り上げてきたワクワク会話１から５を意識的に使って会話を進めていくと、必ず自然と笑顔になれます。そして毎日の生活の中で自分の笑顔の素晴らしさに気づくことになるでしょう。周りには、普段笑顔で会話をする人はいるでしょうか。笑顔で会話をする人の周りには笑顔の連鎖が起こってくるのです。

◆ ワクワク会話 7. 相手のいい点に気づき褒める

これまで取り上げてきたワクワク会話 1 から 5 を実行すると、自然に笑顔が出てワクワク会話になってきます。さらにワクワク会話を続けるうちに、何か自分がとてもいい面（強み）を持っていることに気づくようになります。それは、相手のいい点に気づき褒めることから見えてきます。

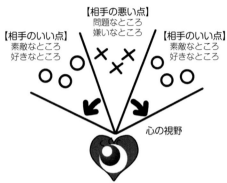

ウェルビーイング視点の説明でも触れましたが、何事もいい面と悪い面の両面を持っています。会話において、その相手のいいところ（強み）を見つけることも同じです。例えば、会話中に相手の悪いところが気になっていると、到底ワクワクした会話にはなりません。それは悪いところに集中して視野が狭まることで起こっています。

その場合、有効な手法としては、意識して視野を広くし、相手のいいところにも目を向けてそれを見つけていくことです。

そして、「**褒める**」ことです。相手のどんなところでもいいので、いい点を素直に感じることです。おべっかやおだて言葉では、褒められても相手は嬉しくはありません。どんなことでもいいので、視野を広げて、なるべくいい点を探しにいくことです。最初のうちは簡単なことではありませんが、意識していくと自然と見つけられるようになります。褒められた相手は気分を良くして、**褒め返しをしてくれる**ようになります。相手のいい点に気づき、褒めていくことで自分の持っているいいところや強みを投げ返してくれるようになります。加えて視野が広く、ウェルビーイング視点を持っていることで、相手から褒められた言葉に自分で気づきやすくなります。そうなると新たな自分の強みの発見につながります。

褒め合うことで気分が上がりワクワク会話を楽しめる、まさに Win-Win なのです。

褒め言葉にはどんなものがありますか？　書き出してみましょう。

例：ユニークですね／よく勉強されているのですね／優しいですね

手法2   お互いに褒め合う

早速、褒め言葉を日常会話に使ってみましょう。自然に褒めるのは難しいので、意識しながら褒めることです。最初は照れくさいでしょうが、続けるうちに視野が広くなり、相手の褒める点を見つけやすくなり、相手からに言われた褒め言葉にしっかりと気づくようになります。それが自分のいいところ、強みなのです。

　自分では気づかない、いい点や強みが必ずあります。アンテナを張って生活していると、ふとしたときに会社の同僚や家族、友人、恋人などから褒められていることに気づくでしょう。しかし、そのことを言葉として記憶にとどめておくことは難しく、すぐに忘れてしまいます。そこで、自分で気づいた自分のいい点や、褒めてもらったことを書き留めておきましょう。それが、次のステップの「強みの気づき」にもつながるのです。

発展 あなたが思ういい点や、褒めてもらったことを書き留めましょう。

> 例：1/25 同僚から、いつも細かい気遣いができるねと褒められた。嬉しかった。

ちょっと ひととき
豆知識

● 笑顔で健康になる

　米国の研究で笑顔と寿命の相関が報告されました。それによると、自然な笑顔が
よく出る人は笑顔の少ない人より平均寿命が7歳ほど長く、作り笑顔でも笑顔が出
ない人より2歳は長生きができるということです。また、自然な笑顔が出る女性に
ついての30年間の追跡調査によって、結婚率が高く、離婚率が低いこと、さらに
心身が健康であることも報告されました。最近では自然な笑顔と健康との関連につ
いて多くの実証結果が出されています。

● ポジティブな言葉を使うと寿命が延びる

　ポジティブ心理学からの実証結果があります。修道女についての調査結果では、
日記の中でポジティブな言葉を多く使った人のほうが長生きしていることが指摘さ
れました。

自分の強みに気づいて伸ばす

誰でも強みを持っている。
これに気づくと仕事がどんどん進む！

目標1．自分の強みを発見する
目標2．自分の強みによって物事がうまくいったことに気づく

チャレンジ
　〈手法1〉逆境を乗り越えるときに自分のやれることを
　　　　　 イメージする
　〈手法2〉強みノートをつける──自分の強み貯金

●ちょっとひととき豆知識
　・人生で成果を出す方法は強みアプローチだ！
　・トラウマ後の成長（posttraumatic growth）とは？

自分の強みを発見する

　自分の強みを実感できていると、何がいいのでしょうか。例えば、仕事をしていると失敗で落ち込むことがあります。しかし、自分の強みを主観的に実感していれば、気持ちを切り替えて、翌日また頑張れる糧になります。うつ病で悩む方は、自分の強みの発見が非常に苦手です。さらに失敗にこだわってしまい、落ち込みからなかなか抜け出せません。

　強みの発見が苦手な方は、自分の強みを見つけるという「ウェルビーイング視点で自己評価」をする見方をこれまであまりしていなかったからです。図のウェルビーイング視点を見てみましょう。

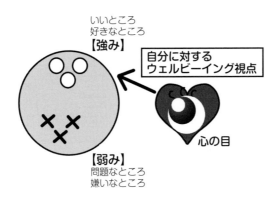

いいところ
好きなところ
【強み】

自分に対する
ウェルビーイング視点

心の目

【弱み】
問題なところ
嫌いなところ

◆ 誰でも持っている強みを発見する手法

　強みの発見に難しさを感じる方は、自分の強みにふと気づく方法として、まず逆境の中で自分はどう動くことができるかについて考えてみましょう。逆境から強みに気づくといった逆転の発想です。

　大きな災害時の日本人の反応をイメージしてみてください。大きな災害であっても日本人は地域住民と結束し助け合い、略奪行為などがみられず海外からは驚きの声があがっていました。また、災害時に誰しも早く帰宅したいという不安といらだちがあったとしてもタクシーやバスを並んで待ち、歩いて帰る際も列を乱すような自分本位な行動はみられませんでした。

　日本人はよく、控えめで自己主張の少ない国民だといわれることもありますが、災害時にみられたように、これこそ強みといえます。周りを見ながら遠慮して他者配慮があり、忍耐強く、礼節さが保たれるという、一見すれば消極的な面も実は強みなのです。

手法1 👉 逆境を乗り越えるときに自分のやれることをイメージする

逆境（災害など）を乗り越えるときに自分のやれることをイメージして、下に書いてみましょう。もしものとき、自分でやれることを自分の強みとして認識しましょう。

例：災害で近所が断水して困っていると聞いた。
・自分が大変ななかでも困った人を助けたいという気持ち（支援の心）を持って水を分けてあげる。

　あなたが仕事をしているなら、例えば、同僚が落ち込んでいるとき、会社で大きな問題が起こったとき、仕事で自分のミスがあったときのことを考えてみても同じ発見ができます。そのときどのようにしてどのような姿勢で臨んで逆境を乗り越えてきたのかを思い返すと、気づかなかった自分の強みを発見できるのです。

逆境から乗り越えるときに、自分がどのように対処できるか書き出してみましょう。
書き出したら、それを自分の強みとして認識しましょう。

大変な場面を書きましょう。	逆境を乗り越えるとき自分がどのように対処しているか書きましょう。その際の強みとは何でしょう。
例：同僚が大きなミスをしてしまった。	例：冷静に一緒に考えられた。 「冷静である」「他者のために一所懸命になれる」

　いかがでしたか。難しい場面で乗り越えてきた自分の強みを発見できたでしょうか。
では今度はより具体的な**強みの発見の手法**をご紹介します。

　実は、自分の強みに気づくには、いくつかのイメージング方法があり、「逆境を乗り
越える」以外に次の**3つのイメージング方法**が有効です。ぜひ、自分にとってチャレン
ジしやすい方法を試してみましょう。

1. 楽しかった体験から見つける
2. 親近感を感じる言葉から見つける
3. 会話の中で相手に言われたことから見つける

1. 楽しかった体験から見つける

この3カ月で一番楽しかったことを、何をしていて、なぜ楽しかったのか書き出しましょう。

何をして楽しかったのか	なぜ、楽しかったのか	楽しかったのはどんな強みを生かせたからか
例：同期のみんなと旅行に出かけたこと	例：プランを上手く立てられた ・たくさん観光できた ・おいしいものが食べられた ・みんなとたくさん笑った	例：計画が得意 ・リサーチ力 ・信頼できる人がいる ・なんでも楽しめる ・好奇心

2. 親近感を感じる言葉から見つける

　次は、自分が直感的に親近感を感じた言葉から自分の強みをイメージしていく手法です。親近感を感じた言葉を文章化することで自分の強みが見えてきます。

> 次の75単語から親近感のある単語に〇をつけましょう。

安全・安定	自己実現	達成感	豊かさ	誠実
意味	自信	知恵	余裕	変化
影響力	自然	教養	喜び	集中
新しさ	地位	秩序	利益	行動
お金	個性	援助	ユーモア	貢献
家族	自由	忠実	純粋	成長
活気	正直	挑戦	興奮（ワクワク）	冒険
可能性	承認	調和	責任	愛
競争	自立	独創性	名声	幸福
協力	進歩	忍耐	公平	専門性
義理	親密	人間関係	創造	真理
芸術性	信頼	熱意	優しさ	権力
決断	素直	発展	効率	正確
謙虚さ	成功	美しさ	尊敬	平和
健康	プライド	評価	友情	所属

> では次に、〇をつけた言葉から最も自分に親近感を感じた言葉を3つ選択し、さらにその中から1つを選択して下に文章として書き出しましょう。

⬇

> 例：私が強みだと感じるのは、「好奇心」です。いつも新しいことに興味を持っています。
> 　　新しいことに出会うとワクワクします。

────────────────────────────────────

────────────────────────────────────

3. 会話の中で相手に言われたことから見つける

　自分では気づけなかった強みに、友人や上司との会話の中で気づくことが多々あります。これはステップ2で学んだときに出てきたワクワク会話7の「相手のいい点に気づき褒める」ことから、相手から褒められた言葉に気づくことです（p.28参照）。その言葉こそが自分の強みでもあるのです。

手法2 👉 強みノートをつける──自分の強み貯金

　強みに気づけるようになったら、次に取り組むのは「強みノート」に記録していくことです。人は、一度は気づいても時間が経つと忘れてしまいます。気づいたことを言語化し、記録することで確固たる自分のものにすることができます。それが「強みノート」の記録です。気づいた強みを随時記録していくことで増えていき、貯金箱効果があります。

　仕事で何か問題があったときや、親しい人を亡くしたときなど、つらい状況に置かれたときに気分の落ち込みがあるのは普通です。自分を責める気持ちが起こるのも仕方ありません。そんなときにこの「強みノート」を開くと、視点がウェルビーイング視点に切り替えやすくなります。過去に気づいた自分の強みの言葉は、今回のつらい状況もなんとかなるという展望に誘導してくれることでしょう。

> ここまでのワークで発見した自分の強み、または、他者から言われて発見できた強みを、次ページの「自分の強みノート」にまとめてみましょう。
> なかなか思い浮かばないという方は、その次のページ（p.39）の「自分の強み10」にまずは10個を目指して書いてみましょう。スタンプを集めるように10個埋めたくなり、強みを見つけることに積極的になれるかもしれません。

自分の強みノート

自分の強みによって物事がうまくいったことに気づく

　自分の強みが言葉として認識できれば、次は自分の強みの活用です。さまざまな状況で自分の強みによってうまくいったということがしっかりと意識されると、自己評価を肯定的にすることができます。

　自分の強みによって状況がうまくいくようになったことが具体的に意識されると、別の困った状況に陥ったときにも考え方がウェルビーイング思考になります。「今回こんな大変なことになったけれど、まあなんとかなるさ」です。この考え方で仕事もどんどん進んでいくのです。

自分の強みによってうまくいった状況を具体的に書き出してみましょう。

自分の強みだと思うことを単語で書き出してみましょう。	その、自分の強みによってうまくいった状況を具体的に書き出してみましょう。
例：好奇心 　・忍耐力	例：いつもの定食屋さんで隣の席の人と知り合いになれて、連絡を取り合うようになり、時々一緒に食事にいくようになった。 ・倍率の高い資格試験に落ちても何度も挑戦し合格することができて、周りの信頼感が上がった。

◆ 強みと才能の違いとは？

　才能とは、客観的な指標によって評価しやすい能力であり、学力、語学力、運動能力などが典型例です。計算力、記憶力、運動能力などのように、テストの施行によってそのレベルが客観的な数値で評価できることから、他者による個人評価として「才能」が多く用いられています。こうした才能は、児童期から青年期、成人期と、成長していく時期もありますが、老年期には加齢によって必ず衰弱していきます。才能は学習によって伸ばすことはできても、加齢によって低下するのです。

　一方、強みとは、客観的な指標によって評価するものではなく、主観的に自分にそういう面があると認識することです。例えば、優しさやたくましさ、思いやりなどの強みです。これらの強みは客観的な数値で評価するものではありません。心理テストのように、個人の性格傾向を客観的に見るものもありますが、これはその人のパターンがある程度わかるものであってもその人個人の特性の本質がわかるものでは決してないのです。

◆ やる気が出るのは強みの磨き

　毎日の生活の中で、あなたがやりがいを感じ、やる気を出して取り組むことができるのは一体どんなときか考えてみましょう。自分の持つ欠点や問題点の修正を行っているときなのか？ それとも、自分の強みを磨いているときなのか？ こうしてみると、答えは見えてきます。強みを磨いているとき、まさにそのときにやりがいを感じ、ひたすら取り組むことができ、楽しくなるのです。

> 「自分の強み」と、「強みによってうまくいったこと」を記入するワークシートが巻末の付録に掲載されています。付録の「自分の強みノート」を活用してください。

ちょっと ひととき 豆知識

● **人生で成果を出す方法は強みアプローチだ！**

　人生で成功をおさめた人についてのアンケート調査が米国でなされています。人生成功者のタイプのうち、強みを伸ばすという強みアプローチと欠点を修正するという弱みアプローチとでは、どちらが多いかという調査です。結果は100%の人が強みアプローチでした。人生で成功をおさめた人に多くみられたのは、元来の状態が、金銭に恵まれない環境や家族がいない環境、学力が劣っていたこと、何の特技も持っていなかったことなど、取り柄のない状況でもあったということです。

　しかし、そうしたネガティブな状況の中でも、彼らが最初に目をつけたのは、言うまでもなく自分の強みです。その自分の強みに気づき、伸ばすことで成長できることを体験し、積極的に実践することによって、他のネガティブな面も解消されていくことが示されています。

● **トラウマ後の成長（posttraumatic growth）とは？**

　苦難を体験し、乗り越えようという意欲を呼び起こす自分の強みがあります。これをポジティブ心理学ではトラウマ後の成長（posttraumatic growth）といいます。内向的な神経症傾向のパーソナリティの人やうつ状態になっている人も、普段の自分の強みに気づきにくくても、トラウマ後の成長の視点から捉えると自分の強みにも気づき、伸ばしていくことができるといわれています。

一所懸命になる

達成感を感じると仕事にやりがいが生まれる

目標1．一所懸命を見つける
目標2．一所懸命を実行し、達成感から気分の向上を実感する

チャレンジ
　〈手法1〉まずスタートとゴールを決めてから始める

●ちょっとひととき豆知識
　・フローと共有フローとは？

目標1 一所懸命を見つける

　一所懸命になるとは、どういうことでしょうか。

　一所懸命とは、何かにひたすらのめり込むということです。そう聞くと、絵画や彫刻などの物づくりに打ち込んで時間を忘れる姿や、スポーツに取り組む姿など、非常に高い水準をイメージするかもしれません。

　しかし、ひたすらのめり込むという姿はもっと気楽に捉えてもいいのです。実は、日常生活の中にたくさんあります。ちょっとひとときでも集中して取り組むことができ、やり終えたときに達成感に浸ることができることなら、**10分程度**のものでもいいのです。

自分の日常生活の中でひたすらのめり込むことができる行動として、どんなことを思いつきますか？ 書き出してみましょう。

例：読書／掃除

ここでポイントなのが、「**スタートとゴール**」を明確にすることです。

手法1 ☞ まずスタートとゴールを決めてから始める

　日常生活の中で物事に取りかかる際には、まずスタートとゴールを決めてから始めることが大切です。そうすることで、達成感を感じやすくなり、**ウェルビーイングサイクル**に乗るようになります。次回もまたやりたいというモチベーションが向上し、実行によって達成感が得られ、気分が向上し、実行を継続することにつながります。

> 具体的に、自分の生活の中で「スタートとゴール」を設定し、簡単に取り組めるような一所懸命になれる行動にはどんなことがあるでしょうか？ 書き出してみましょう。

ステップ **4** 一所懸命になる

例：ランニング／掃除／料理

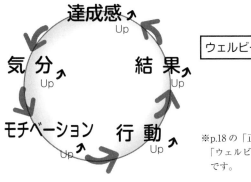

ウェルビーイングサイクル

達成感 Up → 結果 Up → 行動 Up → モチベーション Up → 気分 Up

※p.18の「正のサイクル」が
「ウェルビーイングサイクル」
です。

◆ ゴールがない場合

　では、ゴールのないものはどうでしょうか。どこで終わるのか先が見えない課題です。ゴールを決めない書類整理や仕事の課題では、達成感や充実感が得られないため、気分も上がらずモチベーションも下がります。

　このような一見するとゴールの見えない課題には、どのように取り組むとよいでしょうか。

　それには、「小さくゴールを区切る」手法がおすすめです。例えば、ジョギングをイメージしてみてください。健康のため、あるいは速く走れるようになりたいなどの目的を持って始めても、漠然とジョギングしているだけではモチベーションは上がりません。毎回行うジョギングのスタートとゴールを明確にしてから走ることが重要です。今日は公園を一周すると決めて走ることで、その日のジョギングを頑張れます。走っているときに苦しくてつらくなり、足も重くなってきたとき、あの電柱まではなんとか頑張るという小さなゴールを決めると案外そのゴールまで頑張れます。

　これは、仕事でも同じです。仕事を頑張りすぎて疲れ、その後のやる気をなくしてしまう方は、高いゴール設定をしているからです。設定したゴールにたどり着けないと、達成できない自分へのネガティブ評価が生じ、落ち込みからモチベーションが下がり、行動に至らないといった負のサイクルに陥ってしまいます。

　今日はこの書類の束だけ片づけて帰る、メールの返信だけをしてから帰るなど、ゴールを決めて、小さく区切ったゴールを意図的に作って、一所懸命に打ち込んでみると、より充実した仕事ができるようになります。ぜひ挑戦してみてください。

◆ 共有フロー

自分一人で取り組む物事もありますが、複数で取り組む物事もあります。

何かにみんなで一緒に取り組むとさらに一所懸命になり、気分も向上します。

日常生活において、**みんなで取り組んで一所懸命になれる行動**にはどんなものがあるでしょうか。

　一人でなく、複数で一つの目標に向けてひたすら打ち込むことを「**共有フロー**」といいます。共有フローを感じる行動は日常生活に溢れています。チームで行う仕事の企画もそうです。また、地域のお祭りなどの行事もそうです。参加する前は煩わしさを感じていても、一緒になって行事を盛り上げていくうちに楽しくなってきて、最後には達成感を感じ、打ち上げに参加している、といったことがあるでしょう。これが共有フローです。

ステップ

4

一所懸命になる

日常生活の中で共有フローを感じる行動としてどんなことを思いつきますか？ また、最近そのような行動をしたことがあれば書き出してみましょう。

例：スポーツ／山登り

巻末付録に「一所懸命になれる行動」を記録するワークシートが掲載されています。活用しましょう。

● フローと共有フローとは？

　何かに一所懸命になることから気分の高揚に至るような効果については、ドーパミンやエンドルフィンという脳内物質の分泌によることが指摘されています。特に、ジョギングについては脳科学的に実証されています。この脳内物質は脳の活動性や気分向上との関連があり、歩行よりジョギングのほうが気分の高揚と達成感、モチベーションの向上に効果が大きいともいわれています。これは、脳内のドーパミンやエンドルフィン濃度が、ジョギング後に急上昇することから実証されています。そして、これ以外にも心理学的な根拠が示されています。これをポジティブ心理学によるフロー効果と呼びます。何かに一所懸命のめり込むことは、フロー効果といった用語で幸福感の向上に寄与することをさまざまな実験心理学でチクセントミハイが実証しています。こうしたフロー効果によって、片づけや整理をしたり、掃除をしたり、走ったりといった単純な行為によっても、達成後の幸福感が得られると解釈できるのです。さらに、一人で取り組むのでなく、グループになって一緒に取り組むことで一丸となって目標に向かってモチベーションが高まることを「共有フロー」といいます。スポーツや合唱など、身近にこうしたことはとても多くあるのに気づくでしょう。

ステップ 5

感謝と親切

感謝、親切をするとじわじわ気分が上がる

目標1．ありがとうに気づく
目標2．見返りのない親切行為をする

チャレンジ
〈手法1〉ありがとう日記をつける
〈手法2〉感謝の手紙を書く

●ちょっとひととき豆知識
　・感謝をすると幸福になる
　・感謝訪問の素晴らしい効果
　・利他行為による幸福感とは？

普段「ありがとう」とどれくらい伝えているでしょうか。

日常生活を振り返って、「ありがとう」と言える場面を書き出してみましょう。

> 例：コンビニで買い物のとき／お茶を出してもらったとき／エレベーターを待ってもらったとき
>
> ....
>
> ....
>
> ....

　「ありがとう」とよく伝えている方もいれば、あまり伝えていない方もいるでしょう。「ありがとう」を言いにくいとすれば、それはなぜでしょう。人から自分がなんらかの恩恵を受けたときに、感謝の気持ちを表すために「ありがとう」を使う方が多いかもしれません。そう捉えると、どんな恩恵を受けたのか、どれほどの感謝レベルかなど物差しで測っていることになります。つまり**主観的な感謝の気持ちを客観的な基準で判断**しようとしているのです。自分に恩恵がなければ感謝は生まれないという、つまり明確なものが取得できないと喜びが生まれないというような獲得欲求もあるかもしれません。

　そこで実践してほしいのは、この恩恵の意識を「**いいこと**」に拡大してみることです。ウェルビーイング視点で見た「よかったこと」の捉え方と同じです。すると身の回りの自然や、人、家族との触れ合いの中に主観的評価で些細なことであっても「いいこと」を多く発見することができます。

　自分の感じた素直な気持ちを「ありがとう」と感謝の言葉に表現するだけでいいのです。

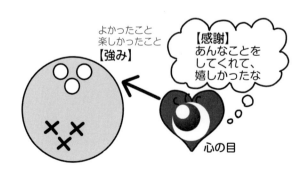

自分の一週間を振り返って、「ありがとう」という感謝の気持ちを感じた状況を書き込んでみましょう。最初はあまり書けなくても大丈夫です。現時点の振り返りを書き込んでください。

例 月	火	水	木	金	土	日
店員さん 元気な笑顔 ありがとう	Aさん 仕事を親身に 手伝ってくれ てありがとう	お母さん 久々にお弁当 を作ってくれ てありがとう	先輩 仕事を褒めて くれてありが とうございま す	近所の人 掃き掃除を うちまでして くれてありが とう	お父さん 買い物ありが とう	整体師 いつもありが とう

月	火	水	木	金	土	日

ステップ

5

感謝と親切

　ポイントは、単語でもよいので空欄を埋めるという気持ちで書き込んでみることです。些細なことへの感謝に気づきます。誰にも会わなかったのでありがとう日記が書けないという方がいますが、決してそんなことはありません。外界の刺激は常にあり、食事や物、音や色などの知覚、身近な自然など、生きていくなかで触れ合う対象に対して感謝の気持ちは生じます。100歳以上の高齢者の多くの方々から「今日まで生きてこられてありがとう、あらゆるものに感謝しています」といった言葉が聞かれます。これは究極の感謝の気持ちなのです。

「ありがとう日記」をつけていくと、自己の触れ合う外界へのウェルビーイング視点が高まっていきます。そして、つらいことがあったときや怒りを感じたとき、ふと悲しい気分になったときに「ありがとう日記」を読み返すと、本来の自分のこころの温かさに気づき、ネガティブ感情から持ち直すことができます。強みノートの貯金箱効果と同じで、ありがとう日記にも貯金をする（書きためる）ことで困ったときに備えることができるのです。

　「強みノート」も「ありがとう日記」も記録することが大切です。気づくだけでは、そのときは幸福感を感じても次第にその感情は薄れてしまうからです。記録することで、その記録の振り返りによってウェルビーイング視点が維持できるのです。

　記録が面倒で続かないという方もいますが、どうして継続できないのでしょうか。それは義務感を感じているからです。ステップ1でお伝えしたように、禁煙も義務になるとモチベーションが続きません。継続するためには、記録をすると自分にいいことがあると実感でき、記録すること自体が楽しいと感じられるようにしましょう。義務感ではなく、モチベーションを高めてウェルビーイングサイクルに自分を乗せて記録してみましょう。

　もう一つ、ノート記録が煩わしいということも耳にします。そこでお勧めなのが、スマートフォンによってスケジュールアプリや日にちが書いてあるメモ帳などに打ち込むことです。それなら見返す際もいつでもどこでもできるので、とても使いやすいです。

　「ありがとう日記」を継続していくうちに、内容がマンネリ化してきて気分の向上効果が減少してくることがあります。そんなときに内容を濃厚にして気分の向上効果を図る手法があります。次は、それをご紹介します。

<u>手法２</u> ☞ **感謝の手紙を書く**

　小学生以来感謝の手紙を書いたことがないという方も多いかもしれません。しかし、感謝の手紙による効果は大きく、実行すると必ず効果が現れてきます。

> 以下の例のような感謝の手紙を、感謝の気持ちを思い出して書いてみましょう。

┌─────────────────────────────┐
｜ (例)
｜ 　　　　　　　　　Dear　　〇〇さん、ありがとう
｜ 私は、嬉しかったです。
｜ 〇〇さんは×月×日、私に〇〇をしてくれました。私がここまで成長できたの
｜ は〇〇さんのおかげです。あの時の私の気持ちは…
└─────────────────────────────┘

┌─────────────────────────────┐
｜ 　　　　　Dear　　　　　　ありがとうございます。
｜ ┈┈┈┈┈┈┈┈┈┈┈┈┈┈┈┈┈┈┈┈┈┈
｜ ┈┈┈┈┈┈┈┈┈┈┈┈┈┈┈┈┈┈┈┈┈┈
｜ ┈┈┈┈┈┈┈┈┈┈┈┈┈┈┈┈┈┈┈┈┈┈
｜ ┈┈┈┈┈┈┈┈┈┈┈┈┈┈┈┈┈┈┈┈┈┈
｜ 　　　　　　　　　　　　　　　　　　From
└─────────────────────────────┘

　可能なら、手紙の相手や代わりの誰かと対面し、その人の目を見つめて、感謝する相手をイメージしながら読むことがおすすめです。この手法は、驚くほどに気持ちの変化がみられます。手紙を読むうちに、涙ぐみながらも笑顔が溢れてくることでしょう。感謝の手紙を書くだけでも気持ちの変化に気づきますが、感謝の手紙を読むことで自分も相手もどちらも気分が向上します。

　感謝の手紙の手法によって関係性が変化したケースは多くあります。例えば、冷えきった親子仲や夫婦仲、友人関係などで試みれば相互関係の改善が図れます。実際には、感謝の手紙を読むことは気恥ずかしく難しいものですが、その課題に挑戦できれば、相手には、感謝の手紙を読むという難しいことを敢えて実行してくれたという気持ちが生まれ、突破口のように相互の関係改善が進みます。挑戦してみる価値があるのです。

目標2 見返りのない親切行為をする

普段、見返りのない親切行為を行ったことはありますか。

日常生活を振り返って、見返りのない親切行為をした場面を書き出してみましょう。

例：エレベーターでドアの〈開〉ボタンを押して、自分は最後に降りた

親切行為に対してはお礼を言うのが一般常識です。それはマナーとしては当然の見方ですが、いつもこのパターンで自分の親切行為を捉えると、相手の対応によって「せっかく親切にしたのに相手は何も言わない」といったように**自分の気分がネガティブにされてしまいます**。これは自分の親切行為に満足感を感じるのではなく、**相手の対応に満足感を求める視点**です。そこで、自分の親切行為と相手の対応とを切り離して捉えてみましょう。自分の親切行為によるいつもとは違った気分の向上が体験できるでしょう。他者への施しといった利他行為によって気分向上は長く継続します。これが**利他行為による気分向上**です。

　自分が楽しむ活動（自分の買い物や趣味、お酒やギャンブルなど）では、一過性に快感や満足感が得られますが、一定期間が過ぎると快感や満足感は急速に減少します。一方、利他行為では、満足感の減少は緩やかで、比較的長い間快感と満足感が持続します。利他行為の代表はボランティアです。諸外国と比べて日本人はボランティア活動や慈善活動に関心が薄く、そのため見返りのない親切になじみがあまりありません。見返りのない親切を日常生活で実行することで、職場での過ごし方にもいい変化が起こることが期待できるでしょう。

> 巻末付録の「毎日のウェルビーイングワーク」のワークシートを活用して、「よかったこと」「ありがとう」「できたこと」「人に親切」を書く習慣をつけましょう。

●感謝をすると幸福になる

日常生活の中で感謝した回数と幸福度の関連を調べた面白い実験があります。感謝できることがいくつあったか数えるグループと、不満を数えるグループに分けて10週間後の幸福度を比較しました。すると、感謝を数えたグループの幸福度は25％も高かったという結果が出ました。この結果から見ても、日常生活の中で「ありがとう」に意識的に気づこうとすると幸福度が上がるといえるでしょう。ここでは、不満（問題点やネガティブ）を意識しないということも要因として働いています。

●感謝訪問の素晴らしい効果

感謝訪問とは、自分がありがとうと言いたい人に対して感謝の手紙を書いて、直接その人のもとを訪れて、手紙を読み上げることです。米国で感謝訪問の実験がされ、感謝の手紙を読み上げることで幸福度がぐっと上がることが示されました。そして、驚くことにこの上がった幸福度は数カ月間も持続していることが示されたのです。最近の研究で、この感謝による幸福度の持続効果がオキシトシンによる作用であることも指摘されています。

●利他行為による幸福感とは？

米国では、宝くじを当てた人のその後の幸福度調査があります。宝くじを当てた人の幸福感はほとんど一過性で、その後どんどん幸福感が減少していました。さらに、宝くじが当たる前よりも落ちているという結果が示されたのです。一方で、宝くじを当ててから幸福感が持続している人は、その後に寄付といった利他行為、すなわち見返りのない親切行為をした人でした。彼らは満足感を一過性の金銭獲得ではなく、寄付やボランティア活動といった利他行為の意識によって持続して得ることができたのです。つまり、自分の楽しみを追い求めるよりも他人の幸せを考える姿勢、利他行為により持続的な幸福感が得られることがわかります。実は、利他行為の実験では、親切行為やボランティア活動の多い人は幸福感が高いだけでなく、人生の満足度、自尊心、人生のコントロール感覚なども高いことが示されています。ボランティア活動をすると死亡率が下がります。見返りのない親切を日常生活の中に組み入れることによって、あきらかに幸福感が高まるのです。

目標と価値観を明確にする

目標を立てて自己評価をすると仕事が楽しくなる！

目標１．今日からすぐに取りかかれる課題を具体的に整理する
目標２．生きがいに気づく

チャレンジ
〈手法１〉自分の課題円グラフを作る
〈手法２〉「○○がいがある」と感じることを書く
〈手法３〉遺書を書くように生きがいを書く

●ちょっとひととき豆知識
・生きがいとは？

目標1 今日からすぐに取りかかれる課題を具体的に整理する

まずは、仕事がある一日の自分の予定について思い起こしてみましょう。

以下の図に、仕事がある一日の自分の予定を書き込みましょう。

例　　午前	午後	夕方
カーテンを開ける トイレに行く 顔を洗う 着替える 朝食をとる 仕事に出発 一日の課題を確認 簡単にできる課題から開始	昼食をとる ストレッチ運動をする メールの確認 午後の課題を開始	帰宅 着替える 夕食をとる 自分の好きなことに時間をとる メールなどの連絡 風呂に入る ありがとう日記をつける 就寝

午前	午後	夕方

仕事の日は予定を案外書きやすかったかもしれません。では休日、さらにお盆・正月という長期休暇では一日の予定はどうなるでしょうか。休暇の時くらいは予定を決めずに過ごしたいという方もいるかもしれません。それも一つの選択ではありますが、何をするかはじめに決めずにいると結局何もせず、ぼーっと過ごしてしまうことがあります。これは仕事のある日についてもいえることです。一日の目標を決めずに仕事に向き合っていると仕事をしていてもしんどさばかりが出て、仕事が終わっても終了感が生まれません。

　仕事への終了感を得るためのポイントは、**一日ずつの短期目標を具体的に決めること**です。まずは短期目標の内容的意義よりも、目標が達成できたかどうか自己評価をすることが重要です。具体的な短期目標を達成できたことで、小さな達成感が積み重なり、一日が満足したものになっていきます。小さな課題を終了すると、「これもできた、これもできた」と、自己評価ができて自己肯定していくことができます。

　このように課題を一つひとつ達成していくことにはどんな効果があるのでしょう。それは、ウェルビーイングサイクルを回していくことで次の課題へのモチベーションを起こし、仕事や日常生活の充実感と満足感を得られるようになることです。

ステップ

6

目標と価値観を明確にする

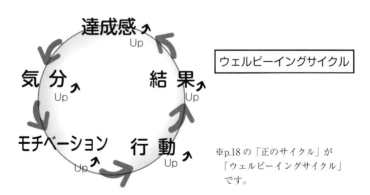

ウェルビーイングサイクル

※p.18の「正のサイクル」が「ウェルビーイングサイクル」です。

一日の短期目標として、「**朝のルーティンワーク**」を作ることがお勧めです。あなたには朝のルーティンワークはあるでしょうか。一度、書き出して整理してみましょう。

例：
1. 起床
2. カーテンを開ける
3. トイレに行く
4. 顔を洗う
5. 着替える
6. テレビをつける
7. 朝食
8. コーヒーを飲む
9. 植物の水やり
10. 仕事に出発
11. スマホのチェック（通勤途中）
12. 一日の課題の確認（通勤途中）
13. 簡単に済ませる課題から開始（職場で）

いかがでしたか。朝のルーティンワークがあることで、一日のリズムの始まりを作ることができ、ウェルビーイングサイクルに乗りやすくなります。簡単なルーティンワークでも、毎朝やってみると気分が上がることを実感できます。上級者の方は、朝の15分くらいの読書やストレッチ、散歩や掃除をルーティンワークに入れています。

目的なく、ぽーっと過ごすことがよくないことなのかどうか考えてみましょう。これも実は目標の一つです。無目的に何もせずに一日を過ごすのと、何もせずに過ごすということを目的にしているのとでは、大きな違いがあります。何もせず過ごせた自分を事後評価して、達成できたのであればそれは十分に意義があるといえるでしょう。休日には、こうした時間を時々使うことができるでしょう。

手法1 ☞ 自分の課題円グラフを作る

　一日の予定を書き出しましたが（p.58参照）、今度は自分の1カ月間について、4つの異なる分野にかける比率を見てみましょう。円グラフにすると各分野の比率はどうなるでしょうか。この比率は、どれだけの時間をかけているかといった時間の長さではなく、どれだけウエイトを占めるかという意識の比率です。

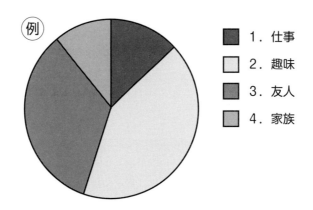

上の例を参考に、下の空白の円に自分の1〜4（仕事、趣味、友人、家族）の比率を書き込み、円グラフを作ってみましょう。
1の仕事は家事も含みます。2の趣味は自分の楽しみなら何でもかまいません。3の友人は仲間との付き合いです。4は家族です。

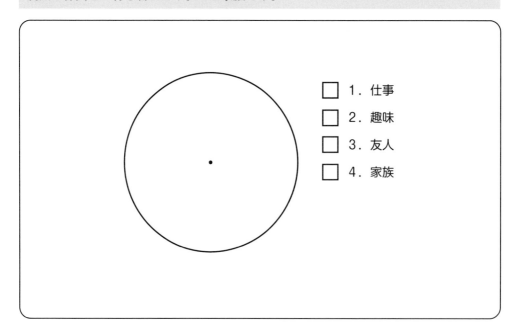

円グラフで見ると、自分が毎日取り組んでいることへの比率が見えてきます。図1のように大きな偏りがあるとうつ状態になることがよくあります。最もウエイトを置いていた分野、例えば仕事で問題に直面し、つまずくと他の分野への意識の切り替えができず、対処できない無力感からうつ状態になるからです。

　健康であるためには、図2のようにバランスよく取り組んでいることが重要です。もし仕事でつまずいても、家族との交流があり、自分の趣味で気がまぎれ、仲間と話ができれば問題解決の糸口が見つかることもあります。これは仕事分野に限りません。家族や仲間との衝突があったときや趣味に失敗したときにも同じことがいえるのです。

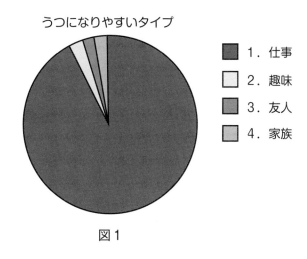

うつになりやすいタイプ

1. 仕事
2. 趣味
3. 友人
4. 家族

図1

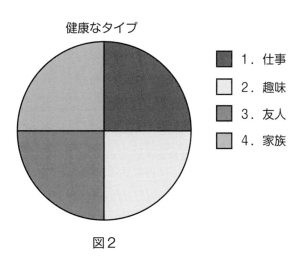

健康なタイプ

1. 仕事
2. 趣味
3. 友人
4. 家族

図2

ステップ
6
目標と価値観を明確にする

目標2 生きがいに気づく

まずは、生きがいについて考えてみましょう。あまり難しく考えずに、自分の好きなことや大切にしていることを明確にしてみましょう。

手法2 ☞ 「○○がいがある」と感じることを書く

思いつくままに「○○がいがある」という言葉を書き出してみましょう。

例：作りがい／運動しがい／教えがい

書き出していくうちに気づきます。○○がいの○○には、食べるとか、遊ぶ、覚える、働く、関わるなど、さまざまな日常生活での行動に関する動詞が入ることです。

「生きる」とはこうしたさまざまな行動を総合的に見ることです。自分が「生きる」とは、さまざまな日常生活を行うことです。自分の行動に「○○がいがある」といった肯定的な価値が感じられれば、自己評価が高まり、その全体像が生きがいとなるのです。

<u>手法3</u> ☞ **遺書を書くように生きがいを書く**

遺書を書くように生きがいを考えてみましょう。下に書き出してみましょう。

例：おいしいものを食べること／旅行に行き、綺麗な景色を見ること／友人や家族と過ごすこと

　遺書を書こうとすると戸惑ってしまうかもしれませんが、先ほど手法2の「○○がいがある」を書くワークで試みたように、あなたの日常生活でのさまざまな行動を思い浮かべていただければいいのです。日常生活でのさまざまな行動が**生きる**ということで、生まれてから現在まで生きていたことが**自分の人生**なのです。遺書を書くとは、**これまで生きてきた人生の振り返り**です。今まで何をしてきたのか、お金のことや、やり残した仕事のこと、家族の将来のことなど、思いつくことはたくさんあるでしょう。いずれにしろ、自分がどう生きてきたかを振り返り、具体的に書くことによって、**今後どう生きていきたいのか**が見えてきます。これによって**幸福感が高まる**のです。

◆ 夢の実現の手法

　人生の目標は、将来に向けての目標、つまり夢です。例えば、マラソンが好きな方であれば、毎日近所のジョギングをするという短期目標のような現実指向性とは異なり、いつかはハワイのフルマラソンを完走してみたいという素晴らしい夢を思い描く方もいるでしょう。夢を持つことはとても重要で、**夢を求めているうちに実現する**ということは数えきれないくらいあります。

　夢の実現の手法は、5年後、10年後、あるいは20年後の自分をイメージすることです。するとこれから自分が歩む道の軌道修正もできますが、それ以上にいいことは、5年後、10年後、20年後に自分を鼓舞して克服し、達成できたことの自己評価ができることです。

　人生の目標を考える際に陥りがちな問題は、いつ人生の目標設定をしたらよいかわからないことです。自分であえて目標達成に向けて行動する時間を作らないかぎり、いつまでたっても始まりません。思い立ったが吉日です。楽しむための時間も同じです。時間ができたら楽しもうではいつまでたっても楽しむことができません。まずはすぐにでも始めることです。少しでも始めてみると不思議なことが起こります。もっとやりたいと思い、他には自分はどんなことに挑戦したかったのか、本当は何を求めていたのかが明らかになってくるのです。

右の「夢の実現ノート」に自分の夢（目標）を書いてみましょう。

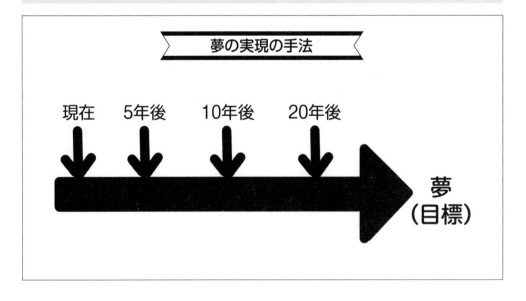

夢の実現ノート

| 現在 | 例：毎日ジョギングを続けたい |

⬇

| 5 年後 | 例：フルマラソンに挑戦したい |

⬇

| 10 年後 | 例：ハワイのフルマラソンに挑戦したい |

⬇

| 20 年後 | 例：成長した我が子と一緒に家族でハワイのフルマラソンに挑戦したい |

⬇

| 30 年後 | 例：無理せずに、マラソンを続けていきたい
・ビギナーのマラソンコーチをしてみたい |

**ちょっと ひととき
豆知識**

● 生きがいとは？

　生きがいについては、学術書や自己啓発本など多くの書籍で取り扱われています。広く捉えると、生きがいとは自己に対する価値観といえるでしょう。この価値観は単独で生じるものではなく、必ず他者との関わりの中での自己評価の中に生まれてきます。そのため元来、絶対的価値基準が存在するものでは決してなく、自己の主観的評価によって大きく左右されます。客観基準で規定される才能がいくら高くても、主観的に自己評価されないかぎり自己の価値観として認知されません。まず、他者との関わりの中での自分の役割に気づくことです。他者との関わりとは、基本は家族であり、仕事や地域環境、そして国や世界レベル、さらには人間社会を超えた自然との調和など、さまざまな次元での関わりがあります。その中で自分が何らかの役割を果たせていると自覚することが自己に対する価値観、生きがいとなるのです。

祭りが生きがい

自己評価をして、自分を好きになる

現在の自分を肯定評価し、
将来も伸びる自分の成長に気づこう

目標1．自己評価を肯定的に行い、自分を好きになる

チャレンジ
　〈手法1〉隣の芝生は本当に青いのか、現在の自己評価を多く
　　　　　　の指標で行う
　〈手法2〉自己評価の中でのウェルビーイングに気づく
　〈手法3〉自己再発見ノートをつける

●ちょっとひととき豆知識
　・自己を肯定的に評価するとは？

　目標と価値観を明確にすると、目標が高い理想になることがあります。これには一長一短があります。ステップ方式で進めていくと着実に成長し、最終的には自分が当初描いていた理想像まで到達することも夢ではありません。しかし、常に現実と理想のギャップばかりにとらわれてしまうと、達成できない自己の無力感に悩み、落ち込み、モチベーションが下がってしまうことも起こります。

　例えば、仕事においては個人の力だけではどうにもできないことが現実にはあるにもかかわらず、目標にはまだ足りない、まだできないという見方ばかりになりがちです。いつも理想像を意識し、現実とのギャップを見ていると達成感を感じられず自分が成長している姿にも気づきません。

　山登りをイメージしてみましょう。山を登る際、中間地点で外界を展望し、今の自分がかなり上まで登ってきていると認識すれば、達成感を感じられ、気分が上がり、ここから次は頂上を目指そうというモチベーションになります。

　この視点が重要です。普段からどこを意識して見ているかということです。これは日常生活だけでなく、長いスパンで見たときも同じです。この5年や10年間でここまで伸びたという認識を持つことが大切です。

　こうした自己成長に目を向けた振り返りを10年後、20年後と行っていると自己肯定ができて「生きていてよかった」という気持ちを持つこともできます。

では、自己肯定をするということについて考えてみましょう。強みノートを書くことも自己肯定につながりますが、ここでは、自分がどんな人間で、どんな自分のことが好きなのか考えてみましょう。

自分がどんな人間で、どんな自分のことが好きなのか文章を書き込んで考えてみましょう。

　　　私は、 _____

　　　　　　　　　　　　　　　　　　　　　　　　　　　　　という**自分が好きです。**

　　　私は、 _____

　　　　　　　　　　　　　　　　　　　　　　　　　　　　　ができる自分が好きです。

　　　私は、 _____

　　　　　　　　　　　　　　　　　　　　　　　　　　　　　という**自分が嬉しいです。**

　自己イメージをしっかり描けたら、今度はそれを他者にアピールすることで、より自己肯定感を持つことができます。例えば、「私は思いやりがあるところが、自分でも好きです」とか、「人とのコミュニケーションの中で素直に接することができる自分が好きです」など、自分の好きな点が増えてくると、アピールポイントになり、全体として自分を肯定し、好きになっていくと思います。

　しかし、どうしても人と比べてここができないという面が気になってしまう方もいます。人と比べて持っていない面を見て、落ち込んでしまいます。では、本当に他者のほうが自分よりもできていることが多いのでしょうか。

手法1 👉 隣の芝生は本当に青いのか、現在の自己評価を多くの指標で行う

あなたはAさん、Bさんを見て、どちらが幸福感が高いと思いますか。Aさんは病気を持っていて、あまり健康ではありませんが、他の項目を充実していると感じています。一方、Bさんは健康ではありますが、他の項目は充実しているとは感じられず、足りないと感じています。

Aさん			Bさん	
健康	△		健康	○
家族	○		家族	△
友人	○		友人	△
お金	○		お金	△
仕事	○		仕事	△
時間	○		時間	△
趣味	○		趣味	△

病を持った人はすべて不幸せだと考える方もいますが、本当にそうでしょうか。病を持った人はすべてが不幸せと思ってしまうのは、その1つの項目にしか意識がいっていないからにすぎません。

Aさん＝病気という考え方をしてしまうと、その面でしか捉えられなくなってしまいます。他にも多くのことを持っていることに視点を変えるだけで、捉え方は全く変わってくるものです。

ここで用いる表は、主観的に自分を評価するものです。さまざまな側面から詳細に分けて評価していきます。客観的な評価ではなく、自分がどこまでできていて、どう感じているかを○△×で評価していきます。

では、次のような場合はどうでしょう。

Dさんは同僚のCさんのことをこう見ています――「同僚は結婚し、子どももいて、自分よりも多く稼いでいて、自分は全く敵わない」。さて、本当にCさんはDさんよりも優れていて幸せなのでしょうか。

Cさん			Dさん	
健康	△		健康	○
家族	△		家族	○
伴侶	○		伴侶	×
子	○		子	×
友人	×		友人	○
お金	○		お金	△
仕事	○		仕事	△
時間	△		時間	○
趣味	△		趣味	○

Cさんは、子どもがいることであまり夜に眠れず、健康でないかもしれません。また、友人と遊ぶ時間や趣味に費やす時間が取れず、稼いではいても自由に使えるお金は少ないかもしれません。一方、Dさんはその点自由にできる面が多く、充実して過ごせています。ここから見えてくるように、相手を自分よりも多く持っていると羨ましがり、自分はだめだと自己否定してしまう必要はないのです。自己肯定で大切なのは他者と比べないことです。他者と比べる際はたいてい自分が持っていないものと、相手が持っているものを比べてしまうのです。

手法2 👉 自己評価の中でのウェルビーイングに気づく

では、各項目について自分の主観で〇△×をつけて自己評価をしてみましょう。客観的ではなく、主観的に評価するようにしましょう。できていると思えば〇、何だかいまひとつだと思えば△、できていないと思えば×で評価します。
他にも自分が充実していると思えるものがあれば項目を付け足しましょう。

健康 家族 友人 お金 仕事 時間 趣味			

認知行動療法では0%から100%までに10%ずつ振り分けることがあります。なぜ、ここではパーセント評価でなく〇△×をお勧めするかというと、〇をつけることで肯定することとなり効果的だからです。パーセント評価では、60%で達成ですが、100%にはまだ達していないという未達成感が残る場合があり、主観的に「だめだった」という評価になるとすれば効果がありません。大切なのは、「まあ、これくらいでいいや」という6割評価ができていることです。〇をつけるという肯定は最も効果的な自己肯定なのです。

手法3 ☞ 自己再発見ノートをつける

　自己評価が肯定的にできるようになってきたら、次にすることは**記録する**ことです。

　自分に対して主観的によかったと気づいたことを記録する、これが「自己再発見ノート」です。コミュニケーションの中から、普段の自分では気づかない自分のいい面や、自分の夢を発見することがあります。これが「自己再発見」です。過去にあったことや、現在のこと、今後に生かせそうなこと、といった時間の視点からの振り返りと、もうひとつは、自分の過ごす環境や人間関係、例えば、家族や友人、会社関係での繋がりから自分のよかった面に気づけた事柄を「自己再発見ノート」に記録していきます。

下の例を参考に、次のページの「自己再発見ノート」に記入しましょう。

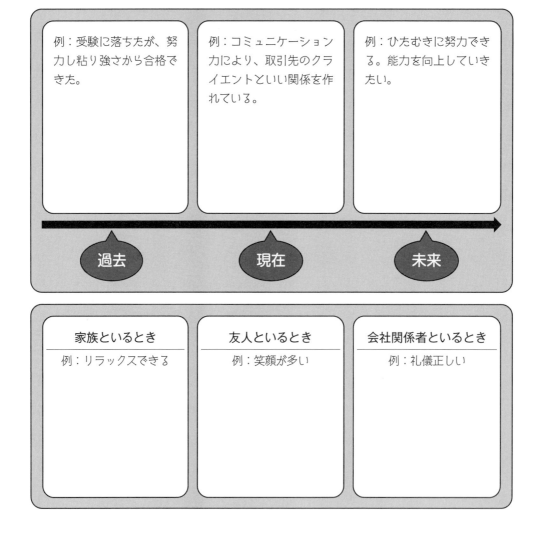

例：受験に落ちたが、努力し粘り強さから合格できた。

例：コミュニケーション力により、取引先のクライエントといい関係を作れている。

例：ひたむきに努力できる。能力を向上していきたい。

過去　　現在　　未来

家族といるとき

例：リラックスできる

友人といるとき

例：笑顔が多い

会社関係者といるとき

例：礼儀正しい

自己再発見ノート

（過去） （現在） （未来）

家族といるとき	友人といるとき	会社関係者といるとき

自己評価をして、自分を好きになる

ちょっとひととき
豆知識

●自己を肯定的に評価するとは？

　自己評価をするときには、山を登っている状況をモデルに捉えてみましょう。現在の自分がその山の途中にいるという意識です。将来の理想は、登りゆく山の頂上でしょう。その際に、今自分のいる位置をどう評価するかです。図１のように、まだ頂上にたどり着かない自分と見るか、麓からここまで登ってきた自分と見るかでは、自己評価は大きく異なります。

　自己肯定評価とは、麓から現在地まで登ったという事実の認識です。この認識では、一歩一歩が着実に登っているという評価となり、さらに進もうというモチベーションを高めます。逆に、常に理想レベルを意識し、現状では未だ到達できていないという認識を続けていると、「できない自分、無力な自分」といった自己否定評価によってモチベーションは高まりません。

　さらに、10年後を見てみましょう。図２のように、10年前と比較すると、かなり登ってきたという現在の自分が認識できます。ここで自分の成長に気づくのです。着実に成長しているという自分に気づけば、自分を肯定的に評価できるのです。そして好きになれる自分を見つけることにもなるのです。

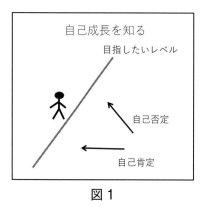

図１

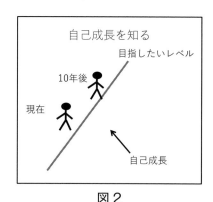

図２

人との絆からコミュニケーションを拡大

コミュニケーションを広げると
これからの人生がきっと楽しくなる！

目標1．絆をどんどん広げていく

チャレンジ
〈手法1〉自分との関わりをイメージする
〈手法2〉自分の絆を書き出す
〈手法3〉相手との上手な距離感から心地よい絆を
　　　　　見つける
〈手法4〉多くの絆を持っていると自覚する

●ちょっとひととき豆知識
・絆が多いと幸福感が高まる

目標1 絆をどんどん広げていく

絆を広げていくと、どんな利点があるのでしょうか。

手法1 ☞ 自分との関わりをイメージする

> 自分がお茶を飲もうと、お茶の入った湯飲みを手にした情景をイメージしてみましょう。その時、誰かと繋がりを持っていますか?

　一人でお茶を飲んでいるので、誰とも繋がっていないという方もいるかもしれません、しかし、本当にそうでしょうか。少し前に誰かが冷蔵庫からお茶を出したときに、同時にあなたの湯飲みにも注いでくれたのかもしれません。さらに、お茶は誰が買ってきてくれたのでしょうか。そして、誰が売っていたのでしょうか。お茶を生育させた人や、湯飲み茶碗を作った人など、このように湯飲みに入ったお茶を振り返るだけでそこには数えきれないほどの繋がりを誰もが持っています。

　自分は孤独で、誰とも繋がりはないという方は、その繋がりに気づいていないだけです。気づくことを避けている方もいるかもしれません。しかし、一人でお茶を飲む状況を振り返ると繋がりは切れていないことに気づくのです。

　誰しもふと、孤独感から寂しい気持ちになるときがあるかもしれません。そのときにこうした振り返りをすると、実は自分の周りには大勢の人がいるということに気づきます。自分は一人で生きているのではなく、自分も大勢との繋がりによって生きる一人であると気づくのです。こうした繋がりが絆です。

　それでは、絆についてもう少し明確にしていきましょう。

<u>手法2</u> ☞ **自分の絆を書き出す**

今の自分にとって絆があると思える人との繋がりをできるだけ多く書き出してみましょう。

例：部活の仲間／近所の人たち／職場の同僚

ステップ

8

　絆という**人の繋がり**は、「**共通目的を持ったグループ**」ともいえます。例えば、どんなサークルであっても、サークルの仲間と共に同じ目的を持って同じ時間を過ごすことは絆があるといえます。近所の人たちとも、毎日関わりがあるわけではないかもしれませんが、同じマンション内では、ごみ出し方法や、もしかしたら地域のイベントについて話し合うことがあるかもしれません。このように探してみると、絆は日常生活の気軽な中に多くあるのです。

　絆というとイメージのハードルが上がってしまい、あまり誰とも絆ができていないと思いがちですが、実は関わりのあるどんな人たちとも絆があることに気づきます。これは自分にはいくつかの絆があるという主観的な感覚が持てることです。

手法3 👉 相手との上手な距離感から心地よい絆を見つける

普段、相手とどれくらいの距離感で接しているのかについて考えてみましょう。図のように、なんらかの関係性のある相手と自分の間には、円が重なる共通の部分があります。

まずは、職場の同僚や、家族、恋人、友人、サークルの仲間など、誰でもいいので思い浮かべてみましょう。その人とは、どれくらいの円の重なり具合、つまりどれくらいの共通目的や共通部分がありますか？ 例を参考にして、下の図にあなたの場合を書き込んでみましょう。そして、思い浮かべた相手との円の重なり具合について考えてみましょう。

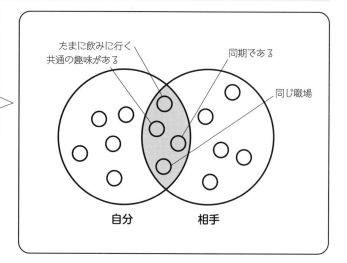

> （例）
> **相手：同僚**
> **共通部分：**
> ・同期である
> ・同じ職場
> ・たまに飲みに行く
> ・共通の趣味（テニス）があり、時々一緒にする

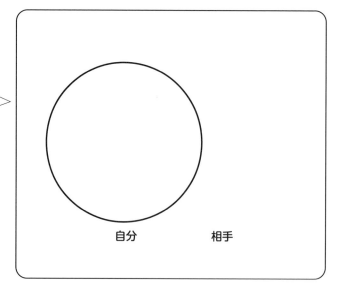

> **相手：**
> **共通部分：**
> ・
> ・
> ・
> ・
> ・
> ・
> ・

いかがでしたか。円を書き込むことで、絆のある相手と円のすべてが重ならないことに気づくでしょう。

　円の重ならない部分とは、お互いの共通部分とは意識しない事柄です。その部分には相互に干渉しないことが大切です。例えば、会社の同僚と仲が良くても家族のことなどプライベートなことは話題にしないことや、同僚として会社では仲良く付き合っていてもプライベートの友人としては付き合わないといったことです。ただし、付き合ううちに共通部分が増えてきて、相互の関係が深まることも当然ありうることで、こうした柔軟さも大切です。

　重要なのは、**自分と円が重なる部分を重視しつつ相手と絆を繋いでいけばいいという**ことです。**無理に相手に知ってほしくない部分まで円を重ねて相手と付き合わなければならないといった義務感を持たないことが大切です。**

　それはなぜか。家族の絆の在り方の例から見ていきましょう。

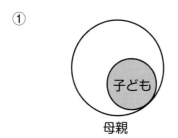

① 子ども

母親

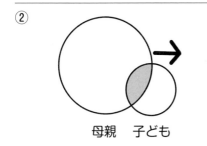

② 母親　子ども

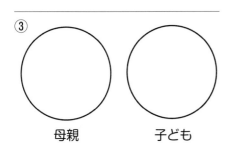

③ 母親　子ども

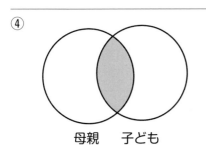

④ 母親　子ども

◆ 絆の在り方の例

　親子の絆から関係性を見てみましょう。母親は出産したばかりの時期、小さな命を育てるために、子どものすべてを把握しようとします。子どもが小さい間は①のように、母子一体の形になります。子どもが成長し、独自のアイデンティティが確立されていくと、②のように子どもが母親の円を離れようとしていきます。このとき、子どもの独立を認められずに引き留めてしまうと、親子の葛藤が生じ、場合によっては分離（③）してしまうこともあります。親子関係の成熟形は、④のように、子どもには子どもの人生があるのだと、円の重ならない部分には相互に干渉せずに認めていくという親子関係です。

　夫婦の絆の在り方でも同じことがいえます。④は関係が良好ですが、①では相手のすべてを理解しようという欲求から干渉しすぎるようになり、相手からの反発により一気に別居や離婚状態のように関係が切れてしまう（③）こともあるのです。

　人との繋がりでは、相互の共通点を増やすことと、相手に干渉しすぎず受け入れるという妥協点の認識が大切なのです。

<u>手法4</u> ☞ 多くの絆を持っていると自覚する

下の例を参考に、自分がどれくらいの絆を持っているか書き出してみましょう。

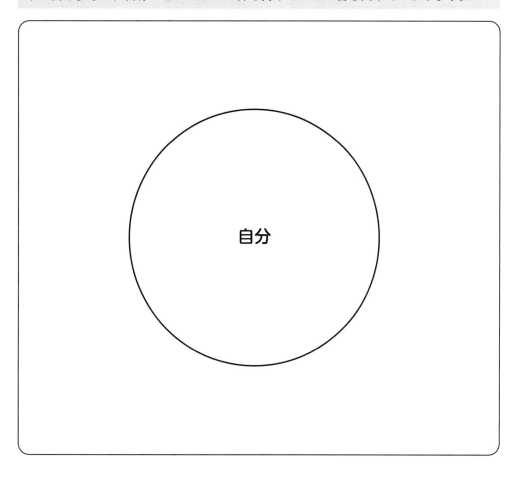

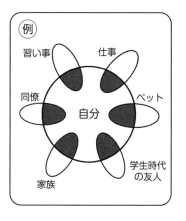

さまざまな人と何らかの共通点を少しでも持っていれば、そこには絆が生まれます。このことを主観的に意識できるでしょうか。上の図に描いたように、自分の円に多くの種類の重なりがあることに気づくこと、これが絆の拡大なのです。ここで重要なポイントは、重なりの大きさではありません。できるだけ多種類の繋がりに気づくことなのです。

自分を振り返ってみて、絆によって自分一人ではなく、周りにも幸せ感が広がる経験をしたことはありますか。

　イギリスの実話に「花のおじさん」というマスコミに取り上げられて大評判になった話があります。
　一人が始めた花の庭が、隣人の共感によって広がり、そこに生まれた連帯感から町全体が花を植えて、素晴らしい花の町になったという素敵な話が報告されたのです。話はここで終わらず、その後、自分たちの町でも花を植えようとか、花だけでなく小物のデコレーションや、または童話の町にしようなどそれぞれの町がその特性を生かして街づくりを拡大していったのです。

　実は、こうした話は珍しくはありません。身近に同じような話がたくさんあります。昔から地域コミュニケーションを豊かにするために、地域住民の方がいろいろと協力してきました。そうして、成功した地域が数えきれないくらいあります。
　では、成功例に共通するものには何があったのでしょうか。それは2つです。

　1つ目は、プランを始める人が、なんといっても楽しく行うことです。自分がまず楽しく、打ち込めることで自分の幸せ感を得ることができます。そして、ますます行動を続け、より充実したものに仕上げていきたいというモチベーションにつながります。

　2つ目は、自分が幸せ感をつかんだときに、それが一人ではなく自分の周りに伝わっていくことです。ある人が幸せそうに作業に没頭しているのを見ると、人は「いいな」と素直に直感するものです。これは妬みではなく純粋に感じることが大切です。
　自分は幸せでもないのに、どうしてこの人は楽しそうに過ごせているのかと、人を自分の物差しで評価してしまうとき、この人は自分より上にあると見てしまっています。自分の物差しではなく直感的に「よかった」という気持ちが得られると自分の気分も上がってきます。嬉しくなってくると、その気持ちを独占せずに、自分の嬉しい気持ちを人に伝えたくなります。このように、一人が嬉しく、楽しい状態にあると、周囲の人に相互作用で楽しさが伝わります。

　これが幸せ感の伝染といいます。幸せ感の伝染の例として、2つ紹介します。

シアトル系の某コーヒー屋さんの話があります。あるクリスマスの近い日、ドライブスルーに立ち寄った女性がホリデーの幸せをお裾分けしたいと、お札を店員に渡し「後ろのお客さんの分も支払わせて」と言ったそうです。すると、車で後ろに並んでいた次のお客さんは大喜びで、自分もこの幸せを渡したいと、同じように後ろのお客さんの分を支払いました。この連鎖はなんと228人にまで続いたそうです。

　サッカー競技場によくみられるウェーブです。1980年代に米国野球の応援から始まったパフォーマンスでした。応援団のある集団が何か変わったパフォーマンスをしようと5〜6人ほどで肩を組み、身体を上下に揺らしながら声をあげて応援しました。その様子がとても楽しそうで「よし、俺たちもやろう」と、周囲に伝わったそうです。最初は5〜6人から始まった動きが、徐々に大きくなり球場全体に広がり、その数なんと、3万人以上になりました。

　これが、幸せ感の拡大の典型といえるでしょう。

**ちょっと ひととき
豆知識**

● 絆が多いと幸福感が高まる

　絆が多いと幸せになれることは誰もが感じていることでしょう。最近の研究で意外な結果が多く出されています。少なくても親友を持っていることと、親友はなくても多くの繋がりを持っていることの比較です。結果は、親友はなくても多くの繋がりを持っていることのほうが、幸福感が高かったのです。この結果は、ステップ6の円グラフのワーク（p.62～63参照）で取り上げたように、人の取り組む対象が、1つに限定しているより、バランスよくいくつもの分野に向けられていることのほうが健康であることと共通しています。これはネットワーク理論の中で指摘されているように、人は関わりを多く持つことによって、生きていることへの充足感と安心感、そして自信につながるのです。

コーディネーター編

企業内で行われる研修セミナーを
開催するためのコツ

1 参加者の心に響く方法とは？

　これまでに「企業内で自分たちが研修セミナーを開催する際のコツを教えてほしい」という声が多く聞かれました。そこで、この実践トレーニングブックを十分に活用していただくためにも、セミナーで行っているコツをお伝えし、企業内で参考にしてもらいたいと思います。

　まず、セミナーを行う場合の基本姿勢を説明し、次に、セミナーの準備から終了までの流れについて、具体的な手法をご紹介します。参加者のやる気が高まり、セミナーに活気が出てくるのが実感できるでしょう。是非やってみましょう。

4つの基本

セミナーを行ううえで、

1）情報提供ではなく、参加者自身の気づき
2）Face-to-face による会話方式で行う
3）笑顔
4）相手を褒める

この4つが基本姿勢となります。

この基本を意識しながらセミナーを進行していくと、参加者全員がウェルビーイング視点に気づき、活発で楽しいセミナーになるのです。

1）情報提供ではなく、参加者自身の気づき

多くのセミナーでは、問題解決を求めた知識や情報に重点が置かれることが多く、コーディネーターからのさまざまな情報提供の形式となりがちです。しかし、実践編で紹介したステップの内容を思い出してください。視野を広げることでウェルビーイング視点に気づけます。つまり、問題解決のための情報提供だけではなく、コーディネーターからの投げかけの言葉によって、参加者自らが「なるほど」「そうだったのか」「それは面白そうですね」といった**実感を伴った気づき**も得られるのです。こうした**気づきのセミナー**を行うことが大切です。これがまさにウェルビーイングを実践したセミナーなのです。

2）Face-to-face による会話方式で行う

では、気づきとはどういったときに実感するのでしょうか。会話です。対面し、相手の表情を見ながらキャッチボールのように会話を進めること、つまり face-to-face 形式の会話によって気づけます。相手からの質問に答え、自分でも相手に聞くことを繰り返すうちに、自分でもふと一つの考えに気づくようになります。これが**会話形式での気づき**です。何らかの状況に対する対応策について、その情報を初めから教わるのではなく、相互の会話の中で自ら気づくことが、その後の活用につながります。セミナーでは、大半の時間をこうした face-to-face の会話で進行し、ウェルビーイング視点を相互に共感できるように導くのです。

3）笑顔

Face-to-face の会話を進め、相互に共感し、話題が膨らむと見られるのが笑顔です。セミナー開始時は参加者に緊張があって笑顔が見られなくても、進行によって自然に笑顔で溢れてくるようになります。実践編のワクワク会話でも紹介したように、興味・関心のある共通話題に共感し、肯定し、ポジティブ言葉を用い、将来の可能性に話題を持っていくことで誰もが笑顔になります。コーディネーターとしては、さまざまな具体的なテーマの中で常にこうした展開を意識しながらリードしていくことが大切です。「何が悪いのか」、「どうしてこういう問題を引き起こしたか」などに終始しては、笑顔にはなりません。参加者がウェルビーイング視点に気づくように推し進めていくことがコーディネーターには必要なのです。

例えば、冒頭の「今週一週間についてウェルビーイング視点で振り返りましょう」というコーディネーターからの投げかけはとても大切で、こうするだけで参加者から自然と笑顔が溢れてきます。

4）相手を褒める

人は褒められると笑顔が出ます。ただ、日本人は褒めることや褒められることにあまり慣れていません。だからこそ、参加者がセミナーの中で気軽にお互いに褒め合えるような雰囲気をコーディネーターがつくるのです。「褒める」といった評価を、優秀で認められる状況であるといった高いハードルで見ると、なかなか褒め言葉は出てきません。気軽に褒めることに対して、「そんなことができるのは当たり前だ」、「こんなことで安易に褒めては相手に失礼である」という見方もあるかもしれません。そう堅苦しく考えず、セミナーの中では、コーディネーターは参加者をまず褒めることです。褒める内容のハードルを下げると褒められる内容が多く見えてきます。「素晴らしいことに気づかれましたね」とか、「きっと、これでうまくいくようになりますよ」などです。気軽にコーディネーターから褒められることで、参加者は顔がほころび、また参加してみようかという参加意欲のモチベーションが上がります。

②　セミナーの準備からクロージングまでの具体的手法

準備

▶**テーブル設定：2人1組のペアとし、4人で1テーブルが出来るように配置**　コーディネーターの用いるホワイトボードを支点にテーブルを八の字に配置します。これによって全体が参加している雰囲気をつくることができます。テーブルに座る人数は2人1組のペアを単位に4人にします。Face-to-face の会話はキャッチボールであり、2人のほうが話しやすくなります。セミナーの後半から終盤では4人グループごとの話し合いも入れていきます。3人会話は難しく、避けることが望ましいです。

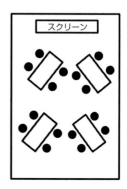

始め

▶**握手**　テーブルに座った人同士の握手を必ず入れます。セミナー開始と同時に「どうぞよろしくお願いします」と言って互いに握手をすることで、スタートの気持ちが高まり、会話に移行しやすくなります。

▶**冒頭の切り出しは、お互いの一週間について話し合う**　これが最初にウェルビーイング視点に気づくワークです。自身が、物事をどのように見ているのか、話す相手がいることで気づくことが多いです。

中間

▶**ステップテーマの進行**

▶**課題（ワーク）施行後、会話で振り返り**　コーディネーターを含め、全体で振り返りをします。この際、ペアの方の話した内容についてセミナー内で1、2回は他者紹介（会話相手の紹介）をすることをお勧めします。このことは、相手のいい点に気づき、紹介するといったトレーニングになってきます。さらに、相手にしっかり聞いてもらえているという気持ちになり、自分も聞いてあげようという参加者のセミナーに対するモチベーションも上がります。

終了

▶**グループでステップテーマごとの振り返り**　セミナーの終わりには、参加者が自分の日常生活でできそうな具体的な手法について宣言します。目標宣言によって、グループ全体で取り組んでいるという感覚が得られ、日常生活での継続性が高まります。

▶**拍手で終了**　できるだけ、短い拍手でも、全体の拍手で締めくくります。全体で拍手を送ることは参加の満足度と参加者のモチベーションにつながります。

感染症予防策

　2020年春から新型コロナウイルスの大流行となり、感染予防を最優先とした新しい生活様式が勧められています。こうした事情は2020年の時点に限られたこととはいえないかもしれません。これまでの長い歴史を振り返ってみても同じような事態が繰り返されており、今後もさまざまな感染症の流行によって同じ状況に陥ることは十分予想されるからです。

　それでは、新しい生活様式の中でこのトレーニングブックがお勧めするようなface-to-faceの手法をどのように行えばよいのかを紹介します。

1）セミナーを行う際の収容人数を50%以下にする。
　　例：50人の参加希望であれば100人以上収容できるセミナー室を使う。
2）換気を良くする。
3）参加者が座る際の参加者同士の距離（ソーシャルディスタンス）を1.5ｍ以上とる。
　　テーブルには4人で1グループとするが、相互の距離がとれることを最優先とする。
4）参加者がすべてマスクを着用する。
5）参加者同士の直接接触はしない。
　　握手やハグは行わない。
　　セミナー開始時の挨拶に当たる握手に代わってアイコンタクトで確認し合う。
　　終了時の握手もアイコンタクトとする。

　以上の5項目が満たされていれば、感染予防条件は満たされており、従来のface-to-faceによる会話手法を中心とした参画型のセミナーは可能です。

　さらに、今後は現地集合によるセミナー開催にとどまらず、オンライン手法によるセミナー開催も可能となってきました。例えば、ZoomやTeams、Meetなどによるパソコンやタブレット端末などを用いた参加が可能です。Zoomのブレイクアウト機能ではペア会話が可能であり、従来の現地集合によるセミナーと同じ進行ができるのです。これまで以上の効果が期待されるでしょう。それは地域的に離れた人同士のコミュニケーションが可能になるからです。さらに、現地集合とオンラインを併用したハイブリッドな形式にも膨らむでしょう。

　新型コロナウイルスはわれわれに新たなコミュニケーションの可能性に気づかせてくれたのです。

2 本書を利用してセミナーの幅を広げよう

実践編で紹介したさまざまなステップを参加者に投げかけます。

会話、あるいは本人ワークを行う時間は、1つのワークを約3分に想定しましょう。その後、参加者同士で振り返りを行うようにしてください。ワークを行うだけでなく、振り返りを参加者同士や全体でシェアすることで新たな気づきが発見できます。また、長いワークでも約10分でコーディネーターの声かけで切り上げるとよいでしょう。（例：感謝の手紙ワークなど）

3 進行方法の例

セミナー実施に向けて、コーディネーターの進行方法について3つの項目で例を紹介します。Qは、コーディネーターから参加者に向けての言葉です。

1 ウェルビーイングの気づきへの誘導 実践編 p.12 ～ 13 参照

会話による一週間の振り返りと他者紹介から

セミナーの冒頭で使用するとウェルビーイング思考に導きやすいのが、次の切り出しです。

Q1 「あなたの一週間を振り返って、どのような一週間だったか、ペアの方（隣や向き合った方）とお互いに話し合ってみましょう」
（約5 ～ 10分程度）

ポイント

・ペアでお互いに話せているかどうか、片方の話が終わらずもう一人が話せていないといったことがないかどうかを確認します。誰かに聞いてもらえるとどうしても話したくなるものですが、我慢して相手に譲るとよりワクワクした会話につながることを体感してもらえるようにしましょう。
・コーディネーターは必ず参加者のうち1名以上を指名し、その人の意見を聞きます。

Q2 「みなさん、お互いに話すことはできましたか？ それではペアの方の一週間について グループで順番に紹介しましょう（他者紹介）。ペアの方の一週間はどんな 一週間でしたか」

ポイント

・紹介するごとに他のメンバーが拍手をすると、役割分担の区切りがつくだけでな く、グループで発表しやすい雰囲気もつくれます。

解説

コーディネーターは、下の図でウェルビーイング視点について参加者に解説しま す。

一週間の自分にあったことを会話で相手に伝えるときには、自己の振り返りからの 自己評価がされています。そして、そこで自分の最も意識される話題が言語化され て、相手に伝えようとされるのです。

人間はネガティブな、大変だったことを振り返ることが多くなりがちで、ポジティ ブな話題に気づきにくいものです。そのため、初めの頃は意識してウェルビーイン グ視点で振り返るように導きましょう。意識してウェルビーイング視点で振り返る ことがトレーニングです。→詳細は実践編を参照

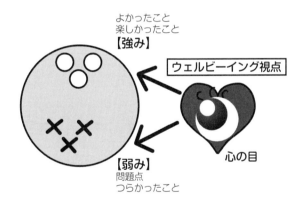

Q3 「ありがとうございます。では、ご自身や、ペアの方の一週間について、どのあ たりが具体的にどれだけウェルビーイング視点で振り返ることができたでしょう か？ ペアでお互いに振り返ってみましょう」

まとめ

コーディネーターによるまとめの例：「いかがだったでしょうか。普段の自分の振 り返りをウェルビーイング視点にもっていくことで、気分が向上していくことに気 づくでしょう」

②　病気の捉え方の違いの気づき

「うつ病の人」と「うつ病を持つ人」の違い

Q1　「1の『私はうつ病患者である』と、2の『私はうつ病を持っている』。この2つ
　　　の言葉の表現の違いは何でしょうか？ ペアの方と話し合いましょう」

ポイント

・ホワイトボードに2つの表現を書き、参加者に問いかけます。

・コーディネーターは必ず参加者のうち1名以上を指名し、その人の意見を聞きます。

・参加者の回答が正解からかなり離れているときには、次のようなヒントを与えます。

Q2　「これは、英語にするとわかりやすくなります。『I am うつ病』と『I have
　　　うつ病』ですね。1つ目が『〜である』であり、2つ目が『〜を持つ』です。こ
　　　うすると気づく方がいるかもしれません。ペアの方と話し合ってみましょう」

解説

コーディネーターによる解説の例：「1つ目の表現（私はうつ病患者である）で
は、図1の右側のように、自分全体がうつ病であると考えていて、他には何も見え
てきません。しかし2つ目の表現（私はうつ病を持っている）では、図1の左側の
ようにうつ病という要素が自分の中にあるものの1つで、他にもさまざまな要素が
あります」

Q3　「では、他の要素とは何があるでしょうか？」

ポイント

・コーディネーターは必ず参加者のうち1名以上を指名し、その人の意見を聞きます。

解説

コーディネーターによる解説の例：「持っているものはうつ病という病気だけでは
ありません。他にも高血圧などの身体の病気もあるでしょう。さらには、病気と関
係ないこと、例えば、家族、仕事、好きな食べ物、趣味、得意なこと……など、限
りない要素を持っているのです。さらに、その要素の中には、図2にあるように、
強みや才能といったウェルビーイングな要素もあります。しかし、1つ目の視点
（図2の右側）でしか自分が捉えられていないと、自分の全体をうつ病といった評
価でしか見ていないため、強みや才能といったウェルビーイングな要素が全く見え
てこないのです。一方、2つ目の視点（図2の左側）で自分が見えるようになる
と、自分の持つ強みや才能に気づけるようになります」

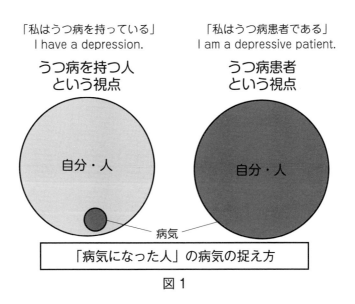

「私はうつ病を持っている」
I have a depression.

「私はうつ病患者である」
I am a depressive patient.

うつ病を持つ人
という視点

うつ病患者
という視点

自分・人

自分・人

病気

「病気になった人」の病気の捉え方

図 1

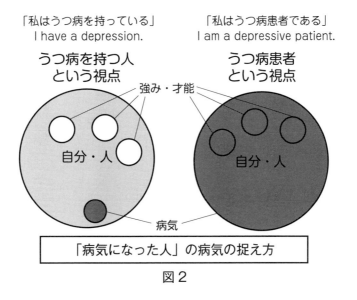

「私はうつ病を持っている」
I have a depression.

「私はうつ病患者である」
I am a depressive patient.

うつ病を持つ人
という視点

うつ病患者
という視点

強み・才能

自分・人

自分・人

病気

「病気になった人」の病気の捉え方

図 2

実践編 p.25 参照

③ 「But No, Yes and」 ゲーム

Q1 「今から、肯定すると会話は活発に、ワクワクしてくることを実感していただき
たいと思います。それが、『But No, Yes and』ゲームです。ペアになってやっ
てみましょう。
ジャンケンに勝ったほうが A、負けたほうが B で会話をします」

解説

まず、「But No」ゲームからやりましょう。

例えば、A から「この会議の後、お茶でも一緒にどうですか」と、提案します。B
は、「いやあ、この後、別の用事があって行けないですね。次回の会議の時はどう
ですか」。A は、「いや、次回の会議は出席しないので無理ですね。それじゃあ、
これでさようなら」となります。

次に、「Yes and」ゲームをやりましょう。

例えば、A から「この会議の後、お茶でも一緒にどうですか」と、提案します。B
は、「それはいいですね。ちょっとお腹も空いたし、一緒に食事でもどうですか」。
A は、「食事ですか、いいですね。だったら、C さんや D さんも誘ってみましょう
か。みんなで行きましょう」となります。

Q2 「ペアでやってみてどうでしたか? このコミュニケーションゲームから感じられ
たことを考えてみましょう」

解説

コーディネーターによる解説の例:「『But No』ゲームでは、相手に言われたこと
をまず、『いや』と否定しているのです。一方、『Yes and』ゲームでは、『それは
いいね』と肯定から入っています。否定から始めるか、肯定から始めるかの違いで
すが、その後の展開が大きく異なることは、ゲームを実践すると感じますよね。会
話の展開が尻つぼみになるか、膨らむかなのです。

この 2 つのパターンは両極端ですが、日常会話の中でよく用いられています。仲間
同士では Yes and が多くても、家族では But No が多くないでしょうか。これを知
ると、家族の会話で Yes and パターンを使うと雰囲気が良くなることもわかりま
す」

この 「But No, Yes and」 ゲームは、短時間でいろいろなところでできます。

会社内の朝礼の時などに取り入れてみてください。きっと、「それはいいね」と肯定
した気分の連続から、きっとその後の作業効率が上がってくるにちがいありません。

付 録

ウェルビーイングワーク表

毎日のウェルビーイングワーク（記入例付き）

	例		月	火	水	木	金	土	日
よかったこと	Aさんと 挨拶したこと								
ありがとう	Bさん 一緒に食事 ありがとう								
できたこと	Cさんからの メールに 返事をした								
人に親切	バスで席を 譲った								

毎日のウェルビーイングワーク

月	火	水	木	金	土	日	
							よかったこと
							ありがとう
							できたこと
							人に親切

自分の強みノート（例）

強み No.	自分の強み	気づいた日	強みによってうまくいったこと
001	やさしさ	4/1	困っていた通行人に「大丈夫？」と声をかけることができた
002	好奇心	4/8	来月、知人と日帰り旅行の計画を立てた
003	綺麗好き	4/15	会議室に置きっぱなしになっていたペットボトルを処分した
004	我慢強さ	4/22	長い会議を過ごすことができた
005	丁寧さ	4/29	提出する書類を楷書できちんと書けた

自分の強みノート

強み No.	自分の強み	気づいた日	強みによってうまくいったこと

一所懸命になれる行動 （記入例付き）

行動 No.	行動	具体的内容	達成感
例 1	掃除	自宅のトイレ掃除	○
例 2	散歩	公園を 1 周する	○
001			
002			
003			

一所懸命になれる行動

行動 No.	行動	具体的内容	達成感

あとがき

　本書のトレーニングを実践して何かが変わりましたか。おそらくあなたの笑顔でしょう。ウェルビーイングの見方に少しでもシフトしてくると、気分が向上してきます。そうなったら、その気持ちを周りの方に投げかけてみましょう。きっと、周りの方にも笑顔が移っていきます。ここに何か変化が始まったような素晴らしい気持ちが湧き上がってくるのです。

　巻末にはメインのワークの表も付録につけておきました。「ありがとう＆よかったこと日記」、「できたこと記録」、「親切行為記録」をまとめた「毎日のウェルビーイングワーク」表、「自分の強みノート」、「一所懸命になれる行動」表です。みなさんもコピーして毎日の記録に使ってみましょう。

著者紹介

須賀英道（すが　ひでみち）

龍谷大学短期大学部教授。日本ポジティブサイコロジー医学会理事。日本認知療法・認知行動療法幹事。1984 年宮崎医科大学医学部卒業。京都大学医学部精神医学講座講師、2008 年龍谷大学保健管理センター教授を経て、2017 年から現職。2007 年日本うつ病学会第 2 回学会奨励賞。専門は、ポジティブ心理学に基づくメンタルヘルス教育、ポジティブ心理学による精神療法、非定型精神病の診断と精神病理。現在は、ポジティブ精神医学理論に基づいた健康学習セミナーを一般向けに各地で開催し、地域コミュニケーションによるウェルビーイングの向上を説いている。著書は、『幸せはあなたのまわりにある―ポジティブ思考のための実践ガイドブック』（金剛出版）、『うつ病診療における精神療法：10 分間で何ができるか』（共著、星和書店）、『ポジティブ精神医学の活用：10 年後の精神医療はこうして変わる！』（星和書店）ほか多数。

齊藤朋恵（さいとう　ともえ）

臨床心理士。博士前期課程修了。須賀医師よりポジティブ精神医学理論の基礎と実践を教わる。精神科クリニック、大手自動車メーカーに心理士として勤務している。医療機関、法人・企業にてポジティブ精神医学理論をベースにした研修を実施している（マインドフルネス療法・怒りの対処法など）。本書ではイラストも担当している。現在までに国際学会や各学会で日頃の研究を発表し、臨床家として研鑽を積んでいる。

生き生き働く、活き活き生きる 8つのステップ
ウェルビーイング手法のワーク＆トレーニング

2020 年 11 月 16 日　初版第 1 刷発行

著　　者　須賀英道，齊藤朋恵
発 行 者　石 澤 雄 司
発 行 所　_{株式}_{会社}星 和 書 店
　　　　　〒 168-0074　東京都杉並区上高井戸 1-2-5
　　　　　電話　03（3329）0031（営業部）／03（3329）0033（編集部）
　　　　　FAX　03（5374）7186（営業部）／03（5374）7185（編集部）
　　　　　http://www.seiwa-pb.co.jp
印刷・製本　株式会社 光邦

ポジティブ精神医学の活用

10年後の精神医療はこうして変わる！

須賀英道 著

A5判　200p　定価：本体 2,700円＋税

人生100年時代の健康と幸せのために精神医療ができることは？　従来の薬物・精神療法を補強して治療効果を高めるために、ポジティブ精神医学でウェルビーイングを強化するコツを紹介。精神医療の未来を担う人々へ。

幸せをよぶ法則

楽観性のポジティブ心理学

スーザン・C・セガストローム 著

島井哲志 監訳

荒井まゆみ 訳

四六判　416p　定価：本体 2,600円＋税

何事もポジティブに考える努力は必要ない。楽観的な人は自分の中にある楽観性の良いところを発揮していくこと、そして悲観的な人は楽観的な行動を学ぶことにより幸せになれる、と本書は説く。

発行：星和書店　http://www.seiwa-pb.co.jp

マインドフルにいきいき働くための
トレーニングマニュアル

職場のための ACT（アクト）（アクセプタンス＆コミットメント・セラピー）

ポール・E・フラックスマン, 他 著

武藤 崇, 土屋政雄, 三田村仰 監訳

A5判 328p 定価：本体 2,500円＋税

職場でのストレスチェックが義務化された。本書で紹介するACTに基づくトレーニング・プログラムは、職場で働く人の満足感を高め、仕事の成績を改善し、良好な人間関係を築き、心の健康を増進させる。

ワーク・エンゲイジメント入門

W・B・シャウフェリ, P・ダイクストラ 著

島津明人, 佐藤美奈子 訳

四六判 180p 定価：本体 1,900円＋税

活き活きと、健康的に、情熱をもって働くための手段であるワーク・エンゲイジメント。本書は、その本質、作用の仕方を説明し、それを高めるために従業員および組織には何ができるかを提案する。

発行：星和書店　http://www.seiwa-pb.co.jp

職場のうつ
対策実践マニュアル

松原六郎, 五十川早苗, 齊藤　忍 著

四六判　220p　定価：本体 1,800円＋税

職場におけるうつ病のメンタルヘルス対策マニュアル。
適切な関わりをするポイント、連携体制づくり、復職トレー
ニングなどについて、図表や文書の作成例を多用して、
わかりやすく解説した。

うつ病診療における精神療法：
10分間で何ができるか

中村敬 編

中村　敬, 天笠　崇, 須賀英道 座談会
中村　敬, 井原　裕, 天笠　崇, 近藤真前
傳田健三, 新村秀人, 須賀英道, 大野　裕
菊地俊暁, 神人　蘭, 岡本泰昌, 的場文子
米田衆介, 平田亮人, 岡島由佳, 岩波　明
樋之口潤一郎 執筆者（掲載順）

A5判　248p　定価：本体 2,200円＋税

うつ病治療において、短時間で実践可能な精神療法的
アプローチを解説。挨拶や態度，声掛けなど、日常診
療での様々な工夫をまとめた。多様化・難治化するうつ
病治療のヒントを得られる一冊。

発行：星和書店　http://www.seiwa-pb.co.jp